VOM PRATER BIS ZUR DONAU

Wo einst die Adeligen zur Jagd aufbrachen, befinden sich heute die grünen Naherholungsgebiete der Stadt. Allen voran der Vergnügungspark Prater mit seinen Alleen und Parks, der barocke Augarten, die Donauinsel und die Alte Donau, wo im Sommer auch gebadet wird. → S. 106

AUF DEM WEG IN DEN SÜDEN

Entlang des Donaukanals gibt es im 3. Bezirk einiges zu entdecken: das Prunkschloss Belvedere mit seinem prachtvollen Barockgarten, das farbenfrohe Hundertwasserhaus und das Arsenal, das zu den ältesten Museen der Stadt gehört. → S. 124

Auf dem Weg
in den Süden

VOM KARLSPLATZ BIS ZUM SPITTELBERG

Karlsplatz, Secession, MuseumsQuartier sind für Kulturinteressierte ein absolutes Muss. Dazwischen gibt es am Naschmarkt so manche Köstlichkeit und in den Einkaufsstraßen und biedermeierlichen Gassen tolle Shops und Lokale in einer jungen, entspannten Atmosphäre zu entdecken. → S. 140

KARTEN UND PLÄNE

MERIAN
Reiseführer

Wien

Anita Arneitz | Barbara Hutter | Christian Eder

ZEICHENERKLÄRUNG

★ MERIAN TOP 10
🚩 MERIAN Empfehlungen
👁 Im Vorbeigehen
   entdeckt

PREISKLASSEN

Preise für ein Doppel-
zimmer mit Frühstück:
€€€€ ab 250 €
€€€ ab 150 €
€€ ab 80 €
€ bis 80 €

Preise für ein drei-
gängiges Menü:
€€€€ ab 60 €
€€€ ab 40 €
€€ ab 25 €
€ bis 25 €

SERVUS, WIEN!

MEIN WIEN

Walzerselig, gemütlich, kaisertreu – Klischees rund um Wien gibt es viele. Die Stadt hat sich in den letzten Jahrzehnten aus ihrem musealen Panzer geschält und zu einer lebens- und liebenswerten Metropole gewandelt.

In frühen Erinnerungen fließen ganz unterschiedliche Ebenen zu einem behaglichen Ganzen zusammen: der Schrebergarten der Großmutter, der in Wien allgegenwärtige Wind, der den vom Opa gebastelten Drachen am Wienerberg so hoch steigen ließ; oder das Ponykarussell im Wurstelprater, in dem eines der kleinen Pferde zum kindlichen Entzücken gelegentlich vom Schritt in den Trab fiel. Das Karussell ist Geschichte, wie so manches aus Kindheitstagen. Alles ist anders und dennoch geblieben, wie es ist. Wien bleibt eben Wien, um ein weiteres gängiges Klischee zu bedienen.

Seit den 1960er-Jahren bemüht sich Wien, vorsichtig, aber doch entschieden, modern zu werden. Der Donauturm mit der Internationalen Gartenschau, Studentenrevolten im Miniaturformat, die UNO-City oder auch das erste Einkaufszentrum vor den Toren Wiens, die Shopping City Süd – waren erste Gehversuche einer Stadt, die einst das pulsierende Herz einer Weltmacht war und plötzlich ein fast bedeutungsloser Ort vor dem Eisernen Vorhang. Ein paar Kilometer hinter Wien war die – westliche – Welt zu Ende. Das Kleinbürgerliche, das gar nicht immer liebenswürdige Verschrobene, der hypertrophe Beamtenapparat und die Titelsucht als Erbe der Donaumonarchie, all das wurde von den Wienern auch selbst gern aufs Korn genommen, etwa in der Fernsehserie »Kottan ermittelt« oder in den Chansons von Georg Danzer und Ludwig Hirsch.

Die 1980er-Jahre brachten schließlich den Wandel der Stadt zu einer weltoffenen Kulturmetropole und einer der lebenswertesten Hauptstädte der Welt – wie so manche Studie immer wieder bestätigt. Das Grau verschwand durch aufwendige Renovierungen in allen Stadtteilen, so manches Museum wurde neu

Vom Stephansdom hinunter auf das quirlige Treiben der Stadt blicken und die Fiaker beobachten – ein Perspektivenwechsel beim Citytrip lohnt sich auch in Wien.

konzipiert, der Tiergarten endlich tiergerecht gemacht, Radwege wurden angelegt, das U-Bahn-Netz erweitert. Der Austropop als Antwort auf die Neue Deutsche Welle brachte frischen Schwung und Witz, bei »Schifoan« von Wolfgang Ambros sang manchmal die ganze Diskothek mit. Dann fiel endlich der Eiserne Vorhang, und bald darauf wurde auch der erste Life Ball als glamouröses Zeichen gegen HIV veranstaltet. Seitdem ist die Stadt noch ein Stückchen bunter und vielfältiger geworden.

Heute spannt Österreichs Hauptstadt gekonnt den Bogen zwischen gestern, heute und morgen, ohne auf ihre sprichwörtliche Gemütlichkeit zu verzichten. Und die Wiener Innenstadt ist Teil des UNESCO-Weltkulturerbes und mit Sicherheit schöner, als sie zu Kaisers Zeiten jemals war.

Die Reisejournalistin **Barbara Hutter** ist »echte« und vor allem begeisterte Wienerin. Sie liebt das Kaffeehaus, hat schon Thailändern das Walzertanzen beigebracht und Franzosen den Gemischten Satz erklärt. Die Reisejournalistin **Anita Arneitz** hat Familienanschluss in Wien und liebt das imperiale Flair der Stadt. Anzutreffen ist sie im Café Prückel und fährt niemals ohne Mannerschnitten in der Handtasche außer Landes.

In der Wiener Secession können Besucher auf Tuchfühlung mit der zeitgenössischen Kunst gehen und den Beethovenfries bestaunen.

DER ERSTE BLICK
AUF DIE STADT

★ MERIAN TOP 10

Das sind sie – die Sehenswürdigkeiten, für die Wien weit über seine Grenzen hinaus bekannt ist.

★ Stephansdom
Das bekannteste Wahrzeichen Wiens: Die Domkirche Sankt Stephan bietet mit ihrem »Steffl« genannten Turm einen unvergleichlichen Blick auf das Häusermeer der Stadt. → S. 62

★ Hofburg
Die Residenz der Habsburger mit Kaiserappartements, Sisi-Museum, Winterreitschule und Schatzkammer. → S. 84

★ Staatsoper
Seit der Eröffnung 1869 zählt die Wiener Staatsoper, das »erste Haus am Ring«, mit ihrer Neorenaissancefassade zu den bekanntesten Opernhäusern der Welt. → S. 93

★ Rathaus
Verwaltungssitz, Parkanlage und beliebter Treffpunkt: Rund um den neugotischen Bau finden ganzjährig Events statt. → S. 99

★ Prater
Großer Vergnügungspark mit Riesenrad, Geisterbahn und Schießbuden, umgeben von Wanderwegen und Teichen inmitten des einstigen k.u.k. Jagdreviers. → S. 110

★ Hundertwasserhaus
Das farbenfrohe Flaggschiff des Künstlers Friedensreich Hundertwasser dient als kommunale Wohnhausanlage. → S. 126

★ Schloss Belvedere
Prunkräume, vollgepfropft mit großen Meistern: Prinz Eugens Sommersitz mit barockem Lustgarten ist UNESCO-Weltkulturerbe und beherbergt einzigartige Kunstschätze. → S. 130

Der Otto-Wagner-Pavillon am Karlsplatz wurde vom wichtigsten österreichischen Architekten der Jahrhundertwende 1899 als Station für die Stadtbahn entworfen.

8 Karlsplatz und Karlskirche
Wo Barock auf Jugendstil trifft: Die Karlskirche hat das Wien Museum, die Otto-Wagner-Stadtbahnpavillons und die Secession als prominente Nachbarn. → S. 144

9 MuseumsQuartier
Eines der weltweit größten Kunst- und Kulturareale mit Leopold Museum, Museum Moderner Kunst, Kunsthalle, Architekturzentrum und Kindermuseum. → S. 150

10 Schloss und Schlosspark Schönbrunn
Die Sommerresidenz Maria Theresias steht für die Pracht der Habsburger und war bis 1918 der kulturelle Mittelpunkt des Reiches. Mit Tiergarten und weitläufigem Park. → S. 174

⚑ MERIAN EMPFEHLUNGEN

Ungewöhnliche Perspektiven, charmante Orte und feine Details versprechen besondere Augenblicke.

⚑ 1 Graben
Eine der schönsten und ältesten Einkaufsstraßen im Herzen von Wien. Mit Josefsbrunnen und Pestsäule. → S. 70

⚑ 2 Judenplatz mit Mahnmal
Ausgrabungen der mittelalterlichen Synagoge im Kontrast zum modernen Mahnmal für die Opfer der Schoah. → S. 72

⚑ 3 Ruprechtskirche
In der ältesten romanischen Kirche der Stadt finden immer wieder stimmungsvolle Konzerte statt. → S. 73

⚑ 4 Spanische Hofreitschule
Kaum etwas ist eleganter als die Grazie der Lipizzaner und das Ambiente in der Winterreitschule. → S. 89

⚑ 5 Nationalbibliothek
Eine der beeindruckendsten Bibliotheken Europas beherbergt einen Prunksaal und fünf Museen. → S. 90

⚑ 6 Time Travel Vienna
2000 Jahre Wiener Geschichte in einer Stunde erleben. → S. 96

⚑ 7 Burgtheater
Sprechtheater auf höchstem Niveau und daher eine der bedeutendsten deutschsprachigen Bühnen. → S. 98

⚑ 8 Palmenhaus
Wunderbares Ambiente mit Blick auf den Burggarten. → S. 103

Das Palmenhaus im Burggarten ist eine imposante Stahl-Glas-Konstruktion aus der Kaiserzeit und dient heute als Kaffeehaus und trendiger Treffpunkt.

9 Donauturm
Dieser Rundumblick ist unübertroffen. Dazu munden im Drehrestaurant ein Apfelstrudel und eine Melange. → S. 115

10 Kunst Haus Wien
Für wahre Hundertwasserfans – wenig überlaufen, mit spannenden Ausstellungen und nettem Lokal mit Garten. → S. 129

11 Wiener Secession
Schmuckstück des österreichischen Sezessionsstils, angereichert mit Ausstellungen über zeitgenössische Kunst. → S. 146

12 Theater an der Wien
Zugleich jüngstes und ältestes Opernhaus in Wien mit entzückender Innenausstattung und bezahlbaren Preisen. → S. 147

13 Naschmarkt
Ein Klassiker unter den Flanier- und Essmeilen: lange Reihen bunter Stände, flankiert von Jugendstilfassaden. → S. 147

14 Cobenzl
Beliebtes Ausflugsziel der Einheimischen auf dem Reisenberg mit toller Aussicht, Weingut und Restaurant. → S. 170

15 Hermesvilla
Lustschloss von Kaiserin Sisi im Lainzer Tiergarten: Kunst genießen und schlemmen im Grünen. → S. 178

WIEN KOMPAKT

Amtssprache: Deutsch
Bevölkerung: 30,2 % Ausländer, vor allem aus Serbien, Deutschland, Kroatien, Bosnien-Herzegowina und der Türkei. 180 verschiedene Staatsangehörigkeiten wurden 2019 in Wien gezählt.
Einwohner: 1,9 Mio.
Fläche: 414,9 km²
Internet: www.wien.info
Religion: 32,2 % römisch-katholisch, zweitgrößte Glaubensgemeinschaft ist der Islam.
Verwaltung: Die Stadtgemeinde ist in 23 Bezirksverwaltungen unterteilt.
Währung: Euro

Bevölkerung

Wien ist die sechstgrößte Stadt der Europäischen Union. Im Großraum Wien leben heute 2,8 Mio. Menschen, mehr als ein Viertel aller Österreicher. Zu Beginn des Ersten Weltkriegs hatte die Stadt Wien bereits 2,1 Mio. Einwohner. Anfang 2019 lebten im Stadtgebiet von Wien rund 1,9 Mio. Menschen, davon sind gut 30 % keine österreichischen Staatsbürger. Die größte ausländische Bevölkerungsgruppe stammt aus Ex-Jugoslawien, gefolgt von Deutschen und Türken.

Lage und Geografie

Die Stadt liegt an den nordöstlichen Ausläufern der Alpen im Wiener Becken. Das historische Wien befand sich südwestlich der Donau, heute erstreckt es sich an beiden Ufern. Seine Bedeutung erhielt Wien vor allem durch seine Lage am Kreuzungspunkt der Verkehrswege von Donau und Bernsteinstraße. Der höchste Punkt Wiens mit 542 m ist der Hermannskogel im Wienerwald, der niedrigste ist die Lobau mit 151 m. Dominierender Fluss ist die Donau, die durch die sogenannte Wiener Pforte zwischen Leopoldsberg und Bisamberg in die Stadt fließt. Kleinere Flüsse – wie die Wien – gelangen aus dem Wienerwald ins Stadtgebiet. Der Wienerwald umgibt Wien vor allem im Westen und Norden, im Osten ist das Gebiet durch das flache Marchfeld geprägt, den Südosten prägen die Do-

Die Wiener Staatsoper am Ring gehört international zu den bedeutendsten Opernhäusern. Ausgewählte Vorstellungen werden auch per Livestream übertragen.

nau-Auen, einer von sechs österreichischen Nationalparks. Wien liegt an der Grenze zwischen den ozeanischen Einflüssen aus dem Westen und dem kontinentalen Klima aus dem Osten. Diese Gegebenheiten zeigen sich in geringen Niederschlagsmengen und längeren Trockenperioden.

Politik und Verwaltung

Wien ist nicht nur eine Stadt, sondern auch eines von neun österreichischen Bundesländern, der Bürgermeister von Wien übernimmt daher eine Doppelfunktion. Im Wiener Gemeinderat sind fünf Parteien vertreten: SPÖ, FPÖ, Grüne, ÖVP und NEOS. Die Stadt ist auch einer der vier permanenten Amtssitze der Vereinten Nationen, außerdem haben weitere internationale Organisationen wie die OPEC (Organisation erdölexportierender Länder), die OSZE (Organisation für Sicherheit und Zusammenarbeit in Europa) und die IAEO (Internationale Atomenergiebehörde) hier ihren Sitz.

Stadtviertel

Die Stadtverwaltung von Wien ist in 23 Bezirke gegliedert: Den ersten Bezirk bildet das historische Zentrum, um den sich die anderen Bezirke gruppieren. Hier ist die Dichte an touristischen Angeboten besonders hoch. Der Donaukanal und die Donau

Blick über die Dächer von Wien Richtung Altstadt mit der Kuppel der Hofburg. Vor allem der 1. Bezirk sprüht vor imperialem Charme.

trennen die Bezirke 2 und 20 von den anderen, auf dem linken Donauufer liegen auch noch die Bezirke 21 und 22.

Wirtschaft

Der Dienstleistungssektor ist heute der wichtigste Wirtschaftsfaktor der Stadt, vor allem der Tourismus nimmt ständig an Bedeutung zu. Industriebetriebe sind kaum mehr im Stadtbereich zu finden – die ehemals staatliche Mineralölverwaltung OMV etwa hat in Wien-Schwechat nahe des Flughafens ihre Verarbeitungsanlage. Seit der EU-Erweiterung nach Osten hat sich Wien auch als Türöffner für den Handel mit den neuen Mitgliedsstaaten etabliert, und

eine Vielzahl von internationalen Großunternehmen hat hier ihren Sitz ausgebaut. Die Stadt genießt aber auch einen guten Ruf durch ihre Lebensqualität und die niedrige Kriminalitätsrate: Wien gilt als eine der wohlhabendsten Stadtregionen Europas.

Nebenbei bemerkt

Wege: Rund 2800 Kilometer umfasst das Straßennetz von Wien, dazu gesellen sich ungefähr 1300 Ampelanlagen und noch einmal so viele Kilometer an Radverkehrsnetz. Die längste Straße der Stadt ist die Höhenstraße mit insgesamt 14,8 Kilometern, die kürzeste ist die Irisgasse mit 17 Metern. Zwischendurch

gilt es auch eine der rund 1700 Brücken zu überqueren. **Höhenrausch:** Kein Wolkenkratzer kann ihm bisher das Wasser oder, besser gesagt, die Höhenmeter reichen. Der Donauturm ist nach wie vor mit 252 Metern das höchste Bauwerk der Stadt.
Rauchende Sohlen: Seit 1984 findet im Herbst der Vienna City Marathon als größter Marathon Österreichs statt. 42 000 Läufer aus 125 Nationen treten, angefeuert von einer Million Zuschauer, an.
Diva mit Bart: Conchita Wurst holte mit ihrer Pop-Ballade den Sieg im Eurovision Song Contest 2015 nach Wien und machte den Bart zum Abendkleid salonfähig.

Magnet für junge Menschen: Wien ist die größte Universitätsstadt im deutschsprachigen Raum mit über 194 000 Studierenden pro Jahr.
Wein in der Stadt: 700 Hektar Weingärten sind in Wien im Stadtgebiet zu finden. Das kann sonst keine Großstadt vorzeigen. Der älteste Weinkeller liegt direkt im Stadtzentrum und reicht über vier Etagen in die Tiefe.
Sightseeing-Kanal: 2500 Kilometer lang ist das Wiener Kanalnetz – und ein paar Stücke sind sogar berühmt – sie sind Schauplatz des Nachkriegsfilms »Der dritte Mann«. Eigene Touren führen direkt unter die Straßen hinein in die verwinkelten Gänge.

Klima (Mittelwerte)

	Januar	Februar	März	April	Mai	Juni	Juli	August	September	Oktober	November	Dezember
Tages-temperatur	4	5	9	14	21	25	28	27	24	18	12	6
Nacht-temperatur	-4	-4	0	5	11	17	20	19	16	10	4	-2
Sonnen-stunden	5	6	7	8	8	10	9	8	8	7	5	4
Regentage pro Monat	12	10	12	11	11	10	11	10	9	9	9	10

15

GESCHICHTE

In römischen Zeiten eine Grenzbastion, später mittelalterliche Provinzstadt, dann pulsierendes Herz eines Weltreichs und heute Hauptstadt der Republik Österreich.

Von den Römern zur *civitas metropolitana*
Die Römer legen im 1. Jahrhundert n. Chr. nahe der Donau zum Schutz ihrer Nordgrenze das Legionslager **Vindobona** an. Rund um die Befestigung entwickelt sich eine Siedlung mit 30 000 Menschen. In den »Salzburger Annalen« ist 881 erstmals von einem Ort namens **Wenia** die Rede. Unter den Babenbergern gewinnt er 976 an Bedeutung, Mitte des 12. Jahrhunderts verlegen die österreichischen Markgrafen ihre Residenz nach Wien. Die Pfalz »Am Hof« wird gegründet sowie das Kloster Sankt Maria. 1170 wird Wien *civitas metropolitana* genannt.

Die Türken vor Wien (1529)
Unter den **Habsburgern** nimmt die Bedeutung Wiens zu: Herzog Rudolf IV. erklärt sich 1365 durch gefälschte Dokumente zum Erzherzog und gründet die Universität, nach Prag die zweitälteste im Heligen Römischen Reich. 1469 wird die inzwischen weitgehend gotische Stadt mit ihrer Hauptkirche Sankt Stephan Bischofssitz. 1529 stehen die **Türken** mit ihren Truppen vor Wien. Die Stadtmauern aus dem 13. Jahrhundert können den Angreifern kaum standhalten, aber die Osmanen brechen die Belagerung aufgrund von Versorgungs- und Nachschubproblemen überraschend ab. Teile der Stadt werden zerstört.

Schlacht am Kahlenberg (1683)
Um 1550 ist Wien vorwiegend protestantisch. Dann wählt der streng katholische **Ferdinand I.** Wien zu seiner Residenzstadt. 1683 stehen die Osmanen erneut vor den Toren der Stadt, aber die Schlacht am Kahlenberg bringt die Wende: Die Türken werden vertrieben, 1699 fällt Ungarn an die Habsburger. Der katholische Glaube feiert ein glanzvolles Comeback.

Die zweite Belagerung Wiens durch die Türken konnte im September 1683 zurückgeschlagen werden. Dennoch war ein Teil der Stadt zerstört worden.

Die Reformen Maria Theresias und Joseph II. (1740–1790)
Wien ist die bedeutendste Stadt der Monarchie und eine der wichtigsten Europas. Handel, Gewerbe, Industrie, aber auch ein gewaltiger Verwaltungsapparat lassen die Stadt wachsen. Die Herrschaft von Kaiserin Maria Theresia und danach ihres Sohnes Joseph II. sorgen zwischen 1740 und 1790 für politische Stabilität. Beide führen tief greifende **Reformen** durch, darunter die Schulpflicht, die Abschaffung von Folter und Leibeigenschaft, die Religionsfreiheit und die Auflösung von Betklöstern. In den Vorstädten und am Wienfluss entstehen Fabriken und neue Wohnviertel. Nach dem Zwischenspiel der **Napoleonischen Kriege** und den Beschlüssen des **Wiener Kongresses** herrscht allerdings eine autoritäre Staatsmacht: Ab 1815 sorgen Kaiser Franz I. und Staatskanzler Metternich für eine konservative Periode – den sogenannten Vormärz.

Die Blüte der Donaumonarchie (1848–1918)
1848 zwingt die **Märzrevolution** Fürst von Metternich zum Rücktritt, was eine wirtschaftlich und kulturell florierende Periode einläutet. 1850 werden die Vorstädte eingemeindet, 1857 lässt Kaiser Franz Joseph die städtischen Befestigungen schleifen: Eine breite Prachtstraße – die **Ringstraße** – rund um die

Das historische Foto aus dem Jahr 1884 zeigt eine der ersten Autotypien vom Franzensring, heute bekannt als der Prachtboulevard Ringstraße.

Innenstadt entsteht. Verwaltungsgebäude, Museen, die Oper, das Reichsratsgebäude, in dem heute das österreichische Parlament seinen Sitz hat, und die neue Universität werden errichtet. Wien schwingt sich bis Anfang des 20. Jahrhunderts zur viertgrößten Stadt der Welt auf. Dennoch ist mit dem Ausbruch des **Ersten Weltkriegs** und dem Tod von Kaiser Franz Joseph 1916 das Schicksal der Donaumonarchie besiegelt.

Das »Rote Wien« (1922–1934)
1918 ist mit dem Ende des Ersten Weltkriegs aus der imperialen Residenzstadt der Habsburger die Hauptstadt eines Kleinstaats geworden. 1922 löst sich Wien vom umliegenden Niederösterreich und wird ein eigenes Bundesland. Das »Rote Wien« wird indes bald zu einem weltweit beachteten Modell einer sozialdemokratisch verwalteten Stadt. Auf den Brand des Justizpalasts 1927 folgen 1933 die Auflösung des Parlaments und im Februar 1934 der Bürgerkrieg. Eine konservativ-nationale Ständeregierung geht als Sieger hervor.

»Anschluss« Österreichs an Hitlerdeutschland (1938)
Nach der Eingliederung in Großdeutschland soll Wien – auf Wunsch Adolf Hitlers – zur flächenmäßig größten Stadt des Deutschen Reichs erweitert werden: 97 umliegende Orte werden eingemeindet, Wien erhält auf einen Schlag 200 000 Neubürger hinzu, fünf neue Bezirke entstehen. Aber auch die **Verfolgung der Wiener Juden**, darunter viele Literaten, Künstler und Wissenschaftler, setzt umgehend ein. Viele emigrieren, viele sterben in den Lagern. Von der anfänglichen nationalsozialistischen Euphorie bleibt nach Ende des Zweiten Weltkriegs kaum etwas übrig: Ein Fünftel aller Gebäude (darunter der Stephansdom), Straßen, Brücken, Kanäle sind zerstört, die Wasserversorgung liegt brach, die Menschen hungern. Die Wiener Bezirke werden auf vier alliierte **Besatzungszonen** aufgeteilt, die innere Stadt von allen gemeinsam als »Interalliierte Zone« verwaltet.

Staatsvertrag und Wirtschaftsaufschwung (1955)
Knapp zehn Jahre später, am 15. Mai 1955, wird der Österreichische Staatsvertrag unterzeichnet. Die Besatzungssoldaten ziehen ab, Österreich wird wieder souverän und verpflichtet sich zu »**immerwährender Neutralität**«. Der Wiederaufbau des Stephansdoms, aber auch der Oper und des Burgtheaters werden zu einem Symbol für das neue Österreich. Die zerstörte große Glocke von St. Stephan, die Pummerin, wird neu gegossen, ein Wirtschaftsaufschwung setzt ein.

Die UN lässt sich in Wien nieder (1970er-Jahre)
1979 wird am nördlichen Donauufer die **UNO-City** eröffnet. Die Einrichtungen dort sind extraterritorial. Wien ist neben Genf und Nairobi eine von drei UN-Außenstellen. Ein Jahr zuvor wurde die erste Linie des U-Bahn-Netzes eröffnet.

Österreich wird EU-Mitglied (1995)
Mit dem Beitritt Österreichs zur EU wird Wien zu einem wichtigen Drehkreuz nach Osten. Dies symbolisiert nicht zuletzt der neue Hauptbahnhof, der 2014 anstelle des alten Südbahnhofs eröffnet wird. 2018 feiert Österreich 100 Jahre Republik.

Stylish und nachhaltig – das Boutiquehotel Stadthalle gilt als Vorreiter in Sachen »grüner Urlaub« und punktet mit seiner Nähe zum Westbahnhof.

ÜBERNACHTEN

Traditions- oder Designhotel, Künstlerhaus oder Schloss: für alle, die eine besondere Atmosphäre lieben und individuelle Unterkünfte mit Geschichte suchen.

LUXUS

Weltklassehotel an der Ringstraße
Hotel Imperial F4
Er lässt das Bad ein, packt den Koffer aus oder begleitet durch die Stadt: Einzigartig in Österreich ist der persönliche Butlerservice im wahrhaft kaiserlichen Hotel Imperial. Die Hotellegende hat eine eigene Torte, Kenner orten hier das beste Wiener Schnitzel der Stadt, die Gästeliste ist ein Who's Who.
I., Kärntner Ring 16 | U-Bahn: Karlsplatz | Tel. 50 11 00 | www.marriott.de/hotels/hotel-information/restaurant/vieil-hotel-imperial-a-luxury-collection-hotel-vienna | 138 Zimmer und Suiten | €€€€

Die Legende im Zentrum
Hotel Sacher E4
Ein Hotel als Marke: Das Sacher ist längst zu einer fixen Größe in Wien geworden, nicht zuletzt durch die Sachertorte, die im Café probiert werden kann. Der Stil des Hauses hinter der Oper ist einzigartig: luxuriös opulent, mit Samt, Damast und Kristalllüstern. Die Deluxe-Zimmer und Suiten wurden vom französischen Interior-Designer Pierre-Yves Rochon mit hellen Farben und Eleganz in die Jetztzeit geholt.
I., Philharmonikerstr. 4 | U-Bahn: Oper | Tel. 51 45 60 | www.sacher.com | 149 Zimmer und Suiten | €€€€

BOUTIQUEHOTELS

Wiener Gemütlichkeit in neuem Design
Altstadt Vienna D3
Im Hotel Altstadt Vienna gleich hinter dem MuseumsQuartier lässt der Kunstsammler Otto Wiesenthal die Gäste an seiner Passion teilhaben: Originale von Christian Ludwig Attersee, Niki de Saint Phalle oder Andy Warhol schmücken die Wände. Alle Zimmer und Suiten sind aus Bürgerwohnungen in einem Stadtpalais entstanden, individuell gestaltet – und tragen die Handschrift von Persönlichkeiten wie Matteo Thun oder Lena Hoschek. Erstklassige Lage für das Sightseeing!
VII., Kirchengasse 41 | U-Bahn: Volkstheater | Tel. 5 22 66 66 | www.altstadt.at | 44 Zimmer | €€€€

Nachhaltiger Urlaub
Boutiquehotel Stadthalle B4
Lavendel auf dem Dach, Solaranlage, Biofrühstück: das Null-Energie-Bilanz-Hotel unweit vom Westbahnhof wurde in der Stadt längst zum Nachhaltigkeitspionier und hat dazu noch originelle gemütliche Zimmer sowie einen Top-Service. Wer mit Rad oder Bahn anreist, wird mit einem grünen Bonus belohnt.
XV., Hackengasse 20 | U-Bahn: Westbahnhof | Tel. 9 82 42 72 | www.hotelstadthalle.at | 79 Zimmer | €€€

Kreatives in einer ruhigen Seitengasse
Hollmann Beletage Wien F3
Ein Haus, das nicht ein typisches Hotel sein will und lieber einen erstklassigen Service bietet als ein biederes Frühstücksbüfett. Perfekt für Individualisten, die etwas Gemütliches in der Inneren Stadt suchen. Mit Kino und Garten.
I., Köllnerhofgasse 6 | U-Bahn: Schwedenplatz | Tel. 9 61 19 60 | www.crazyhollmann.com/beletage-wien | 23 Zimmer | €€€€

TRADITION

Alt-Wiener Biedermeiercharme
Mercure Grand Hotel Biedermeier Wien G4
Nach Sightseeing und Shopping sich zurückziehen und einfach mal die Beine hochlegen. Etwa in einer denkmalgeschützten Biedermeierpassage, die Innenstadt ist von hier nur wenige Gehminuten entfernt. Das Preis-Leistungs-Verhältnis ist sehr gut.
III., Landstraßer Hauptstr. 28 | U-Bahn: Rochusgasse | Tel. 71 67 10 | www.accorhotels.com/de/hotel-5357-mercure-grand-hotel-biedermeier-wien/index.shtml | 198 Zimmer | €€

Ältestes Hotel der Stadt
Hotel Stefanie G2
Schon um 1600 wurden im Hotel Stefanie Gäste bewirtet. Heute vereint sich in diesem bestens geführten Traditionshaus historischer Charme mit modernem Komfort und sehr individuellem Service. Zimmer in gediegener Eleganz mit warmer Atmosphäre, nur wenige Gehminuten bis zur Innenstadt.
II., Taborstr. 12 | U-Bahn: Taborstraße | Tel. 21 15 00 | www.hotelstefanie.wien | 120 Zimmer | €€

Wohnen im Schloss
Hotel Schloss Wilhelminenberg westl. A2
Kaiserliches Wohngefühl bietet das ehemalige Jagdschloss im Empirestil aus dem 18. Jahrhundert – mitten im Grünen mit einem wundervollen Blick über die Stadt und unweit vom

Wienerwald. Besonders zu empfehlen für alle, die mit dem eigenen Wagen unterwegs oder wahre Romantiker sind.

XVI., Savoyenstr. 2 | Straßenbahn: Wilhelminenstraße | Tel. 4 85 85 03 | www.austria-trend.at/de/hotels/schloss-wilhelminenberg | 87 Zimmer | €€

Altösterreichische Eleganz
Hotel König von Ungarn F3
Der Name rührt nicht von ungefähr: In der k.u.k Monarchie residierte in dem Haus hinter dem Stephansdom der Adel in luxuriösen Appartements. Heute zeigt sich das stimmungsvolle Hotel in dem Gebäude aus dem 18. Jahrhundert als kleines familiär geführtes Haus mit traditionellen und modernen Zimmern.

I., Schulerstr. 10 | U-Bahn: Stephansplatz | Tel. 51 58 40 | www.kvu.at | 44 Zimmer | €€€

DESIGNHOTELS

Familiäres Kunsthotel mit Innenhof
Der Wilhelmshof G1
Kunstwerke in Hotels gibt es zahlreich. Aber im Wilhelmshof werden Gemälde und Ideen der Künstler direkt in den Raum eingebettet – vom Zimmer bis zur Tiefgarage finden sich lauter bunte Entdeckungen. Ruhe finden Sie im Innenhof. Prater und Riesenrad sind fußläufig erreichbar.

II., Kleine Stadtgutgasse 4 | U-Bahn: Praterstern | Tel. 21 45 52 10 | www.derwilhelmshof.com | 75 Zimmer | €€

Im Zeichen des Weins
Hotel Rathaus D3
Jedes einzelne Zimmer ist einem österreichischen Topwinzer gewidmet. In der Wein-Lounge gibt's die dazugehörigen Weine und Gourmetsnacks, dazu regelmäßige Verkostungen mit dem jeweiligen Winzer des Monats und das vielleicht beste Frühstück von Wien. Die Zimmer sind modern und gemütlich.

VIII., Lange Gasse 13 | U-Bahn: Volkstheater | Tel. 4 00 11 22 | www.hotel-rathaus-wien.at | 39 Zimmer | €€

BAUWERKE MIT BESTAND

Historisches und Zeitgenössisches reicht sich in Wien die Hand. Nachfolgend ein Streifzug durch prägende architektonische Stilrichtungen.

Schönbrunner Gelb – die Fassadenfarbe der Habsburger
Alles überstrahlend und gleichgesetzt mit Glanz, Glorie und Reichtum. Das wird mit der Farbe Gelb gezeigt. Naheliegend, dass auch die Habsburger nur zu gerne ihre kaiserlichen Gebäude in Wien mit einem gelben Anstrich versahen. Adelige und Bürger ahmten dies nach und bewiesen durch ihre Villen in **Kaisergelb**, auch Habsburgergelb genannt, ihre Treue zur Monarchie. Der teure Farbstoff Gelbocker kam ab Mitte des 18. Jahrhunderts aus Böhmen nach Österreich und galt zu jener Zeit als unglaublich schick. Kaiser Joseph II. verordnete in den 1780er-Jahren, alle Bauwerke des Hauses Habsburg in diesem Ocker zu tünchen. Allerdings ist das sogenannte Schönbrunner Gelb laut Bundesdenkmalamt kein eigener Farbcode, sondern mehr ein symbolträchtiger Begriff, der sich eben über Jahrhunderte hinweg in den Köpfen der Menschen und auf den Wiener Fassaden durchgesetzt hat.

Ganz schön bieder, diese Wiener!
In den politischen Turbulenzen des Vormärz zieht sich das Bürgertum zurück in die eigenen vier Wände und staffiert die Räume im **Biedermeierstil** mit Möbeln in sanft geschwungener Schlichtheit aus. Das spiegelt sich auch in der Architektur wider, zu sehen etwa an den Wohnhäusern am Spittelberg. Hier baute Joseph Kornhäusel unter anderem das **Mechitaristenkloster** oder unweit von hier im 8. Bezirk das Theater an der Josefstadt. Er gilt als einer wichtigsten Biedermeierarchitekten der Stadt. Heute kann man in den belebten Stadtteilen wunderbar zwischen charmanten Biedermeierfassaden flanieren.

Die Gloriette im Schlosspark von Schönbrunn zählt zu den schönsten Aussichtsterrassen Wiens – und das nicht nur wegen ihrer prachtvollen Gestaltung.

Ringstraße – der Prachtboulevard rund ums Zentrum

Vor über 150 Jahren wurde eine der größten und schönsten Prunkstraßen Europas gebaut: die Wiener Ringstraße mit einer Länge von über fünf Kilometern. Damals ließ **Kaiser Franz Joseph I.** die Basteien rund um die Altstadt abreißen, um die innere Stadt durch die neue Prachtstraße mit den Vorstädten zu verbinden. Alles, was Rang, Namen und Geld hatte, ließ am Ring ein Palais errichten. Dabei kopierten die Baumeister die Stile vergangener Epochen, was später auch als **Ringstraßenstil** – eine Form des Historismus – bezeichnet wurde. Aber auch viele Sehenswürdigkeiten sind entlang des »Rings« zu finden: die Staatsoper im Stil der Neorenaissance, das Rathaus in flämischer Neugotik, das Burgtheater im Neubarock, die neugotische Votivkirche, das Parlament, die Universität, die Börse oder das Kunsthistorische und das Naturhistorische Museum.

Jugendstil begegnet Gotik und Barock

Im historischen Zentrum treffen mehrere architektonische Stile aufeinander: Der gotische Stephansdom spiegelt sich in der Glasfassade des modernen Haas-Hauses, die imperiale Hof-

Friedensreich Hundertwasser prägte das Stadtbild mit seinen außergewöhnlichen Ideen. Schon von Weitem zu sehen ist das Fernwärmewerk Spittelau.

burg steht dem Looshaus der Wiener Moderne gegenüber, der sich damit vom Jugendstil abwandte. Und genau dieser Jugendstil spielte in der Stadt eine wichtige Rolle. Zwischen dem 19. und 20. Jahrhundert prägte **Otto Wagner** das Erscheinungsbild Wiens: Von der ehemaligen Stadtbahn mit ihren 30 Stationsgebäuden und Stadtbahnbögen über Brücken bis hin zur Kirche am Steinhof oder der ehemaligen Postsparkasse setzte er auf geometrisch angeordnete Elemente. Die ebenfalls typischen floralen Ornamente und Vergoldungen sind besonders schön an der **Wiener Secession** zu sehen, erbaut 1898 von Joseph Maria Olbrich als Ausstellungsgebäude für moderne Kunst.

Sozialer Wohnbau – ein Waschsalon im Karl-Marx-Hof
380 Gemeindebauten mit mehr als 64 000 Wohnungen wurden während der **Ersten Republik** (1914–1934) in Wien innerhalb von zehn Jahren aus dem Boden gestampft. Eines der bekanntesten Projekte ist der Karl-Marx-Hof nach den Plänen des Otto-Wagner-Schülers Karl Ehn im 19. Bezirk. Noch heute

gibt es in dem denkmalgeschützten Gebäude 1272 Wohnungen – und im ehemaligen Waschsalon eine Ausstellung über das damalige »Rote Wien« und seine Reformpolitik. Viele der großen Wohnanlagen verfügten über eine eigene Infrastruktur. Der Karl-Marx-Hof hatte beispielsweise zwei Zentralwäschereien, Kindergärten, eine Apotheke, Geschäfte, ein Ambulatorium, eine Zahnklinik. Was sich nach außen hin als Wohnblock darstellt, bietet im Inneren interessante Einblicke in die Stadtentwicklung der Zwischenkriegszeit.

Hundertwasser baut gegen die Monotonie an

Der österreichische Künstler Friedensreich Hundertwasser (1928–2000) fand in Wien einen fruchtbaren Boden für seine architektonischen Ideen. Dem **Fernwärmewerk Spittelau** verpasste er zum Beispiel eine eigenwillige Fassade, aber weitaus bekannter ist seine Wohnhausanlage, **Hundertwasserhaus** genannt, mit unebenen Böden, gar nicht eckigen Ecken und Hunderten von Bäumen am Dach. An die 40 Gebäude wurden von ihm gestaltet. Mehr über sein Werk erfahren Interessierte im **KunstHausWien**, das sich als Museum seiner Kunst widmet. Auch hier wird man keine gerade Linie finden.

Die Moderne will hoch hinaus

Zaha Hadid, Renzo Piano, Jean Nouvel oder Hans Hollein. Sie alle bekamen bereits den Pritzker-Preis für ihre architektonischen Meisterwerke, und sie alle setzten in den vergangenen drei Jahrzehnten innovative Projekte in Wien um – von Wohnanlagen über die Wirtschaftsuniversität bis zu Wolkenkratzern. Für manche wurde das neue architektonische Zeitalter in Wien 1990 mit der Eröffnung des **Haas-Hauses** eingeläutet. Andere gehen weiter zurück und schreiben diese Zäsur dem **Donauturm** zu, der anlässlich der ersten Internationalen Gartenschau 1964 errichtet wurde und mit seinen 252 Metern Höhe längst zum Wahrzeichen der Stadt geworden ist. Nicht weit davon entfernt liegen die **UNO-City** und der jüngere **DC-Tower** des französischen Architekten Dominique Perrault, ebenfalls ein Vertreter der modernen Formensprache.

Ab 1882 entwickelte sich der Böhmische Prater am Laaer Berg zu einem öffentlichen Vergnügungspark. Bis heute hat er sein nostalgisches Ambiente bewahrt.

DER BÖHMISCHE PRATER

Ringelspiel und Ziegelböhm' am Laaer Berg

Die alten Festungsmauern hatten ausgedient. Als Kaiser Franz Joseph I. die Schleifung der Verteidigungswälle um die Wiener Innenstadt beschloss, begann ein beispielloser Bauboom um und an der **Ringstraße**, die 1865 feierlich eröffnet wurde. Für den neuen Prachtboulevard und die dort entstehenden Palais wurde vor allem eines benötigt: Ziegel. Die Ziegelwerke im Süden Wiens hatten Hochkonjunktur und bald nicht mehr genügend Arbeitskräfte für die Nachfrage an Baumaterial, die nicht nachließ: Noch 1872 wurde ein Verbrauch von 330 Millionen Ziegelsteinen verzeichnet. Aus ärmlichen Regionen **Böhmens** und **Südmährens** zogen so Tausende Männer nach Wien, zuerst als Saisonarbeiter, dann mit Frau, Kind und Kegel als sogenannte »Familienpartien«. Die Männer schufteten als Lehmscheiber oder – eine besonders gering geachtete Arbeit – als »Sandler«: Sie streuten die Ziegelformen mit Sand aus, damit die Lehmziegel nicht kleben blieben. Frauen wurden als Ziegelschlägerinnen und sogenannte »Maltaweiber«, Mörtelschmiererinnen, eingesetzt. Und auch die Kinder mussten mithelfen, sie schichteten die feuchten Ziegel zum Trocknen auf.

Die Arbeitsbedingungen in diesen Wiener Werken waren unbeschreiblich – und die hässliche Seite des Ringstraßenprunks. Der Psychiater, Armenarzt und spätere Begründer der Sozialdemokratischen Arbeiterpartei Victor Adler schrieb: »Sie sind die ärmsten Sklaven, welche die Sonne bescheint.« Ihre karg bemessene Freizeit verbrachten die Arbeiter im Gasthaus oder bei kleinen Ausflügen und Spaziergängen. Der **Laaer Berg** und sein Wald waren beliebte Ausflugsziele und vom Arbeiterbezirk Favoriten zu Fuß leicht erreichbar. Dort führte der Ziegelwerk-Kantinenwirt Franz Bauer ein kleines Gasthaus, das bei den »Ziegelböhm'« – wie sie von den Wienern abschätzig genannt wurden – immer beliebter wurde.

Im Jahr 1882 erhielt Bauer die Erlaubnis, neben seiner Gastwirtschaft eine Schaukel und ein Ringelspiel aufstellen zu dürfen – was zum großen Erfolg wurde. Der sprach sich herum, und bald eröffnete ein weiteres Ausflugsgasthaus am Laaer Berg. Zwei Jahre später waren es bereits 20 Wirtshäuser und einige Schausteller: Der **Böhmische Prater** war geboren.

Heute bietet der Vergnügungspark – besonders für Familien mit Kindern – ein paar unbeschwerte Stunden und dazu eine kleine Zeitreise in diesem nostalgischen Ambiente. Es geht beschaulich zu, und

Der Bau der 5,2 Kilometer langen Ringstraße ließ eine Parallelwelt entstehen – das Elend der böhmischen und mährischen Ziegelarbeiter, die in 15-Stunden-Schichten schufteten. Ihre karge Freizeit verbrachten sie am Laaer Berg.

alles ist übersichtlicher als im Trubel des »großen« Wurstelpraters. Vor allem die ganz Kleinen haben ihren Spaß bei Ringelspiel, Autodrom, einem kleinen Riesenrad oder bei der 90 Jahre alten Raupe. Seit 2017 ist das denkmalgeschützte älteste Holzkarussell Europas wieder in Betrieb. Schon der letzte Kaiser soll hier Ehrengast gewesen sein, für den Antrieb sorgt jedoch mittlerweile ein Motor statt der einstigen Kurbelei mit der Hand. Die Fahrgeschäfte wie auch die urigen und bodenständigen Gasthäuser mit ihren Gärten liegen entlang einer Fußgängerzone. Ihr Herz ist das »Tivoli«, wo das ganze Jahr über Veranstaltungen stattfinden, von Konzerten bis Karaoke.

KULTURSZENE MAL ANDERS

Die Stars von morgen sehen und multimedial mit alten Genies durch die Gassen ziehen – nachfolgend finden Sie Insidertipps für Hörgenuss und Schaulust.

Beethoven-Rundgang mit Augmented Reality
Wien inspirierte im Lauf der Jahrhunderte viele Musiker, darunter auch so manchen berühmten Wahlwiener – angefangen von Billy Joel bis hin zu Ludwig van Beethoven. Passend zum visionären Geist Beethovens führt jetzt ein **Audioguide**, eingebaut in einer Sonnenbrille, auf dessen Spuren durch die Stadt. Dank vereinter Hilfe von Design, Kultur und Technik fühlt es sich so an, als würde einen der Komponist persönlich an die Hand nehmen. Die Sonnenbrille mit Lautsprecher kann in der Tourist-Info am Albertinaplatz ausgeliehen und über die App #RelatedToAustria mit dem Smartphone verbunden werden. Der Rundgang dauert eine Stunde und führt unter anderem am Palais Lobkowitz, an der Staatsoper, dem Theater an der Wien und dem Musikverein vorbei.

Kaderschmiede für Künstler
Talent alleine reicht nicht. Wer als Künstler eine internationale Karriere anstrebt, braucht auch eine gute Ausbildung. Und die besten Universitäten dafür sind in Wien zu finden. Die **mdw – Universität für Musik und darstellende Kunst Wien** führt das internationale Ranking der besten Universitäten an. Wie einstmals Gustav Mahler, Kurt Schwertsik, Kirill Petrenko oder Angelika Kirchschlager studieren hier an die 3000 Nachwuchskünstler aus mehr als 70 Nationen. Aber was viele nicht wissen: Die mdw organisiert pro Jahr mehr als 1300 Veranstaltungen zu recht moderaten Preisen. Die öffentlichen Konzerte mit einem breiten Repertoire zeichnen sich durch ein hohes Niveau aus und sind ein echter Geheimtipp.

Das Wiener Unternehmen Bösendorfer zählt zu den ältesten Pianomanufakturen der Welt. Im Musikverein kann man die edlen handgefertigten Stücke bestaunen.

Selbst am Konzertflügel sitzen

Voller Tonumfang mit acht Oktaven: Das war um 1900 eine Sensation und **Ludwig Bösendorfer** zu verdanken. Er baute damals den ersten der legendären Konzertflügel und sorgte damit in den Salons für einen besonderen Klanggenuss. Daran hat sich bis heute nichts geändert. Nach wie vor werden in der Klaviermanufaktur auf der Rückseite des Musikvereinsgebäudes pro Jahr an die 300 Instrumente per Hand gefertigt. Wer auch mal selbst auf einem der berühmten Konzertflügel spielen möchte, sollte dem **Bösendorfer Salon** im Wiener Musikverein (Mo–Fr 10–18 Uhr) einen Besuch abstatten. Neben Bösendorfer sind in der Stadt noch an die 45 Instrumentenbauer tätig, die etwa die Wiener Oboe, das Wiener Horn oder die Wiener Pauke fertigen.

Junge Kunst aus Österreich entdecken

Der Frühling steht in Wien immer im Zeichen der Kunst. Internationale und österreichische Galeristen und Kunsthändler pilgern dann mit den Werken ihrer Künstler in die Hofburg und ins Gartenpalais Liechtenstein. Denn hier finden zwei der renommiertesten Kunstmessen statt. Bei der **Art Austria** präsentieren 40 Aussteller österreichische Kunst des 20. Jahrhunderts bis hin zur Gegenwart, ergänzt durch einen Skulpturengarten im Freien. Bei der **Art Vienna** sind zusätzlich auch internationale Aussteller vertreten.

Irgendwo gibt es immer ein Konzert, in Wien bleiben die Stühle im Konzertsaal nicht lange leer. Schließlich hat die klassische Musik hier eine lange Tradition.

MUSIKSTADT WIEN

Von Orchesterlegenden und Knabenchören

Wer Wien als Musikstadt bezeichnet, dem gibt die Statistik recht: 10 000 Musikliebhaber genießen jeden Abend klassische Musik live. Damit ist Wien einzigartig. Der Wiener Konzertkalender verweist das ganze Jahr über auf mehr als 15 000 Musikveranstaltungen aller Genres. Und wenn auch manche Wiener Musicalproduktionen von den Bühnen des **Raimund Theaters** oder des **Ronacher** den Weg bis nach New York und Tokio gefunden haben und Varieté, Jazz, Pop und Kabarett hoch im Kurs stehen, der wahre Star in Wien ist die Klassik.

Allen voran die Wiener **Staatsoper**, aber auch das kleinere, 1778 eröffnete Theater an der Wien mit monatlichen Premieren, die Wiener Volksoper, die auch Operetten und Musicals zeigt, oder die Wiener Kammeroper mit Raritäten an Singspielen, Operetten oder modernen Opern. Zwei Häuser stehen ganz besonders für das klassische Konzertleben: der **Wiener Musikverein** der 1812 gegründeten Gesellschaft der Musikfreunde und das **Wiener Konzerthaus**, wo in elegantem Jugendstilrahmen Klassisches, aber auch Jazz, Progressives und

Weltmusik erklingen. Hierher kommen die renommiertesten Klangkörper der Welt, die großen wie die kleinen.

Für manche sind die **Wiener Philharmoniker** das beste Orchester der Welt. Ihre Geschichte reicht bis ins Jahr 1842 zurück. Der Kapellmeister Otto Nicolai formierte aus dem »Sämmtlichen Orchester-Personal des k.k. Hof-Operntheaters« ein Ensemble unter dem Titel »Philharmonische Academie« – die Geburtsstunde der Wiener Philharmoniker. 1870/1871 übersiedelte das Orchester in den Stammsitz, den es bis heute innehat: den **Goldenen Saal** des Musikvereins in Wien. Dort geben sie das Neujahrskonzert, ihr jährliches Sommernachtskonzert unter freiem Himmel findet jedoch vor der Kulisse von Schloss Schönbrunn statt.

Früher reine Männersache, spielen Frauen heute mit in den großen Orchestern. Beispiel: 26 der 126 Orchesterstellen der Wiener Symphoniker und aktuell zehn von 121 der Wiener Philharmoniker sind weiblich besetzt – Tendenz steigend.

Neben den Wiener Symphonikern, dem Radio-Symphonieorchester Wien und vielen anderen ist es vor allem ein Chor, der weit über die Landesgrenzen hinaus bekannt ist. 1498 gemeinsam mit der Wiener Hofmusikkapelle von Kaiser Maximilian I. gegründet, werden die **Wiener Sängerknaben** gerne als jüngste Botschafter Wiens bezeichnet. Und obwohl sie rund 300 Auftritte pro Jahr weltweit absolvieren, gibt es in Wien viele Gelegenheiten, den Knabenchor zu hören: von September bis Juni als Teil der **Wiener Hofmusikkapelle** in den Sonntagsmessen der Hofburgkapelle, aber auch im MuTh, ihrem eigenen Konzertsaal im Augarten.

Wer ein wenig in die klassische Musik hineinschnuppern möchte, für den hat Wien seine klangvolle Vergangenheit in charmante Portionen verpackt. Das **Salonorchester Alt-Wien** etwa spielt im Kursalon im Stadtpark mit Unterstützung von Gesangs- und Ballettsolisten auf. Im historischen Rahmen der Hofburg lässt das **Wiener Hofburgorchester** Walzer und Operettenmelodien erklingen, und in der Orangerie von Schloss Schönbrunn finden die **Schönbrunner Schlosskonzerte** statt, begleitet von Solisten und Tänzern in historischen Kostümen.

Viele Werke von Gustav Klimt sind in seiner Heimatstadt Wien zu sehen – entweder in der Secession, im Burgtheater, im Kunsthistorischen Museum oder im MAK.

KLIMT, SCHIELE & CO.

Der Secessionsstil, die Wiener Variante des Jugendstils, entstand an der Wende des 19. zum 20. Jahrhundert in Wien. Maßgeblich daran beteiligt waren die Zeitschrift »Ver Sacrum« und die Künstlergruppe der Wiener Secession.

Secessionsstil – wie alles begann

»Ver Sacrum« erschien zwischen 1898 und 1903 und war das offizielle Organ der Vereinigung bildender Künstler Österreichs. Tanzende Mädchen, blühende Bäume und verspielte Ornamente von Koloman Moser, Josef Hoffmann oder Gustav Klimt prägten den Stil der Zeitschrift. Schon zuvor, 1897, war in der Gründungsversammlung der **Vereinigung bildender Künstler Wiener Secession** der Bau eines eigenen Ausstellungshauses beschlossen worden. Seit der Fertigstellung 1900 schmückt der Spruch »Der Zeit ihre Kunst. Der Kunst ihre Freiheit« die Fassade des Gebäudes. Ohne Zweifel ist die Wiener Secession mit Klimt, Schiele und Wagner eine der wichtigsten Künstlergruppen, die Österreich je hervorgebracht hat.

Gustav Klimt

Lange vor der Secession bildete Gustav Klimt mit seinem Bruder Ernst und Franz Matsch eine Ateliergemeinschaft und schuf unter anderem die Vorhang- und Deckengemälde für die

34

Theater in Reichenberg oder Karlsbad, in der Hermesvilla, in den Treppenhäusern des neuen Burgtheaters und des Kunsthistorischen Museums. Klimt erhielt im Jahr 1890 den Kaiserpreis, ehe er mit Gleichgesinnten 1897 die Wiener Secession gründete, deren Präsident er wurde. Das bedeutendste Werk Klimts in dieser Funktion ist sein **Beethovenfries**, den er 1902 für den linken Seitensaal des Secessionsgebäudes schuf. 1905 trat Klimt mit einigen anderen aus der Secession aus, weil ihm manche Kollegen zu »naturalistisch« malten.

Egon Schiele

Eine väterliche Freundschaft verband Klimt mit Egon Schiele. Lange Zeit hatten beide ihre Ateliers in Hietzing, nur wenige Straßen voneinander entfernt. Erste Erfolge feierte Schiele 1909 mit einer Ausstellung seiner Werke, die von Gustav Klimts Stil geprägt waren. Dem Jugendstil blieb er allerdings nicht lange treu, sondern wandte sich bald dem **Expressionismus** zu. Im böhmischen Krumau, wohin er übersiedelte, um der Hektik der Großstadt zu entgehen, begann eine der wichtigsten Malperioden in seinem Leben. 1912 kehrte er nach Wien zurück, wo er dank Gustav Klimt erneut große Erfolge feiern konnte.

Otto Wagner

Der dritte Künstler, der das Wien der Jahrhundertwende prägte, war der Architekt Otto Wagner. In den 1870er- und 1880er-Jahren entwarf er zahlreiche Wohn- und Geschäftshäuser sowie Villen. Besonders hervorzuheben sind die Hochbauten und Brücken der neu errichteten Stadtbahn, der **Stadtbahnpavillon** am Karlsplatz sowie das **Postsparkassenamt**. Zwischen 1898 und 1899 konzipierte Wagner an der Linken Wienzeile 38–40, direkt am Naschmarkt und bis heute existent, drei für seinen Stil charakteristische Gebäude, die sogenannten **Wienzeilenhäuser**. Zwischen 1902 und 1907 war er mit der Planung der Nervenheilanstalt am Steinhof befasst. Dabei entstand die **Kirche am Steinhof**, ein penibel durchdachtes Jugendstiljuwel. Wagner ist auf dem Hietzinger Friedhof in der von ihm selbst gestalteten Familiengruft beigesetzt. Gustav Klimt ruht in seiner Nähe.

MUSEEN UND GALERIEN

Mehr als 100 Museen gibt es in Wien. Darunter befinden sich bedeutende Sammlungen von internationalem Format. Diese sollten Sie nicht verpassen.

Kultur und Geschichte

Wer Wien in all seinen historischen und kunstvollen Facetten begreifen möchte, nimmt sich etwas Zeit für das **Wien Museum** (→ S. 145). Das Universalmuseum mit historischen Sammlungen zur Geschichte der Stadt, darunter auch eine Gemäldesammlung mit Werken von Klimt und Schiele, wird gerade zu einem modernen Museum umgebaut. Eine Reihe von Dependancen und Sonderausstellungen verkürzen die Zeit bis zur Eröffnung. Das **Volkskundemuseum** (→ S. 161) ist ein unterhaltsames kulturwissenschaftliches Museum über die Wiener Volkskunst und Alltagskultur. Den Grundstock zur Sammlung legten bereits die Habsburger. Einen einzigartigen Einblick in Geschichte und Gegenwart, Religion, Tradition und Kultur der Wiener Juden zeigt das **Jüdische Museum** (→ S. 95) mit wechselnden Ausstellungen. Neu konzipiert und ein sehr gut aufbereitetes ethnografisches Museum ist das **Weltmuseum** (→ S. 102) mit einer der weltweit wichtigsten außereuropäischen Sammlungen.

Kunstmuseen

Rubens, Chagall, Rembrandt: Große Ausstellungen renommierter Künstler sowie eine der bedeutendsten grafischen Sammlungen der Welt, das alles gibt es in der **Albertina** (→ S. 93) zu sehen. Das **Kunsthistorische Museum** (→ S. 102) ist eine Legende unter den Museen mit ebenfalls weltberühmten Werken. So wird hier die Geschichte der Kunst aus österreichischer Sicht perspektivenreich über den gesamten Globus gespannt. Ein riesiges Kunst- und Kulturareal ist das **MuseumsQuartier** (→ S. 150) mit Leopold Museum, Museum Moderner Kunst Stiftung Ludwig, Kunsthalle Wien, Architektur Zentrum Wien und ZoomKindermuseum. Eine zeitgenössische und vielseiti-

Im Kunsthistorischen Museum begleitet einen die Kreativität auf Schritt und Tritt. Das Haus ist ursprünglich aus den Sammlungen der Habsburger entstanden.

ge Auseinandersetzung mit der angewandten Kunst ist dem **Museum für Angewandte Kunst** (→ S. 75) ein Anliegen. Zudem gilt das MAK als das älteste Kunstgewerbemuseum der Welt. Die **Sammlung der Fürsten Liechtenstein** (→ S. 97) mit außergewöhnlichen Werken von Rubens, van Dyck, Cranach und Raffael wird in wunderschönen Räumen präsentiert, die den Besuch so einmalig machen. Ein Muss für alle Kunstfreunde ist auch das **Belvedere** (→ S. 131). Der Ausstellungskomplex verteilt sich auf drei Standorte. Einer der Höhepunkte ist im Oberen Belvedere zu finden, hier werden Werke von Klimt, Schiele, Funke, Monet und van Gogh gezeigt.

Ausstellungen und Galerien

Gegenwartskunst innovativ zur Schau gestellt wird in der **Kunsthalle am Karlsplatz** (→ S. 145), die die Form eines außergewöhnlichen Glaskubus aufweist. Das **MUSA Museum**

37

museum moderner kunst stiftung ludwig w

Startgalerie (→ S. 99) ist die Galerie des Wien Museums mit der Kunstsammlung der Stadt. Junge Künstler präsentieren sich in der Startgalerie. Eine Dauerausstellung über Hundertwasser, aber auch internationale Ausstellungen zeitgenössischer Kunst mit Fokus auf Fotografie, beherbergt das **Kunst Haus Wien** (→ S. 129). Das **Bank Austria Kunstforum** (→ S. 71) ist eine Gemäldegalerie zwischen Hof und Freyung mit Retrospektiven von Weltformat. Die **Galerie Anzenberger** (→ S. 133) legt seit 30 Jahren ihren Schwerpunkt auf österreichische und internationale Fotografie. Zeitgenössische Kunst und klassische Moderne auf zwei Stockwerken, darunter von Gottfried Helnwein und Hermann Nitsch, zeigt die **Galerie Kaiblinger** (→ S. 69). Zeitgenössische Kunst steht im Mittelpunkt der renommierten **Galerie Krinzinger** (→ S. 66).

Naturwissenschaft und Technik

Die Venus von Willendorf ist nur eines der Exponate des **Naturhistorischen Museums** (→ S. 100). Inzwischen gehören 20 Millionen Objekte zur Sammlung, die damit zu den wichtigsten der Welt gehört und immer wieder überrascht. Zusätzlich hat man vom Dach einen wunderbaren Blick über Wien. Österreich präsentiert im **Technischen Museum** (→ S. 172) seine erfinderische Seite. Interaktive Ausflüge entführen in die Geschichte der Technik und laden zum Ausprobieren ein.

Musik

Das **Mozarthaus Vienna** (→ S. 66) ist die einzige bis heute erhaltene Wiener Wohnung des Komponisten Mozart mit interessanten Einblicken in seinen Alltag. Wien wäre aber nicht Musikhauptstadt, wenn es nicht noch mehr zu entdecken gäbe. Das **Haus der Musik** (→ S. 67) ist ein kurzweiliges musikalisches Erlebnismuseum vom Ursprung des Klangs bis hin zu modernen Instrumenten – absolut sehenswert.

Mitten im MuseumsQuartier liegt auch das MUMOK, das größte Museum für moderne und zeitgenössische Kunst in Mitteleuropa.

ABENDGESTALTUNG

Club, Kino, Tanz, Kabarett, Livemusik oder eine internationale Barszene: Wo Nachtschwärmer mit gehobenen Ansprüchen ihren Abend verlängern können.

One of One F3
Küche, Kunst und Musik: Die Multi-Konzept-Location von Martin Ho ist eine Mischung aus Piano Lounge, Restaurant und Galerie. Das 1o1 kombiniert auf gelungene Weise Londoner Club-Atmosphäre mit künstlerischem Ambiente.
VII., Seilerstätte 16 | U-Bahn: Stubentor | Tel. 5 12 34 88 | www.oneofone.at | Mo–Sa 18–2 Uhr | €€

Metro Kinokulturhaus F3
Im Schauplatz des Viennale-Filmfestivals werden regelmäßig Filmvorführungen und Schwerpunktthemen im Original gezeigt. Das denkmalgeschützte Programmkino entführt Sie auf Sitzen aus rotem Samt in die Vergangenheit.
I., Johannesgasse 4 | U-Bahn: Stephansplatz | Tel. 5 12 18 03 | www.filmarchiv.at | Mo–So ab 18.30 Uhr | €

Halbestadt nördl. C1
Die Rum- und Cocktailbar logiert in einem U-Bahn-Bogen und zählt zu den renommiertesten Adressen in Österreich. Hier trifft sich die Szene der gehobenen Barkultur. Die Auswahl an Drinks ist beträchtlich und nimmt internationale Trends auf.
IX., Währinger Gürtel 144 | U-Bahn: Nußdorfer Straße | Tel. 6 99 17 09 82 17 | www.halbestadt.at | Di–Sa ab 19 Uhr | €€

Jazzland F2
Wiens ältester Jazzkeller ist eine Institution und Fundgrube für anspruchsvolle Hörer. Hier spielen seit 1972 lokale wie internationale Musikgrößen aus Jazz, Modern Jazz und Avantgarde auf.
I., Franz-Josefs-Kai 29 | U-Bahn: Schwedenplatz | Tel. 5 33 25 75 | www.jazzland.at | Mo–Sa ab 21 Uhr | €

Stilvoll klingt ein Sightseeing-Tag mit Panoramablick auf den Stephansdom in der eleganten Onyx Bar im sechsten Stock des Haas-Hauses bei einem Glas Wein aus.

Ballsaal H4

Ein Tanz-Etablissement nach dem Vorbild der großen Wiener Ballsäle der Jahrhundertwende. Mit »Wien tanzt« gibt es jede Woche Gesellschaftstanz in den Abendstunden.

III., Kundmanngasse 30 | U-Bahn: Rochusgasse | Tel. 7 13 31 86 | www.ballsaal.at | Do–So ab 17 Uhr | €

Onyx Bar F3

Die exklusive Lokalität im sechsten Stock des Haas-Hauses ist ein Hotspot des Wiener Nachtlebens. Der Blick auf den Stephansdom ist grandios, der Dresscode schick.

I., Stephanspl. 12 | U-Bahn: Stephansplatz | Tel. 5 35 39 69 | www.docohotel.com | Mo–So 11–2 Uhr | €€

Tür 7 D3

In diese Boutiquebar kommt nur hinein, wer sich vorher telefonisch angemeldet hat. Alle sieben Wochen wechselt die Karte mit sieben Getränken. Es gibt einen eigenen Rauchersalon.

VIII., Buchfeldgasse 7 | U-Bahn: Stephansplatz | Tel. 6 64/5 46 37 17 | www.tuer7.at | Mo–Fr 21–4 Uhr | €€

Im Saal des Odeon Theaters war einst die Börse für landwirtschaftliche Produkte untergebracht. Seit 1988 wird der Raum als künstlerische Spielstätte genutzt.

Volksgarten Clubdisco E4

Wintergarten mit 1950er-Jahre-Möbel, Glaspavillon und Retro-Lüstern: Der Volksgarten ist ein Sammelpunkt, wo ein bunt gemischtes Publikum die Hüften schwingt.

I., Burgring 1 | U-Bahn: Museumsquartier | Tel. 5 32 42 41 | www.volksgarten.at | Do 21–6, Fr–Sa 23–6 Uhr | €€

Bar Santo Spirito F3

Klassische Musik – meist Barock – unter mittelalterlichen Gewölbebogen: Gemütlich schräges Ambiente hinter dem Stephansdom, Veranstaltungen mit Witz, kleine, gute Küche.

I., Kumpfgasse 7 | U-Bahn: Stephansplatz | Tel. 5 12 99 98 | www.santo spirito.at | tgl. 17–2 Uhr | €

Loos American Bar F3

Ein Interieurjuwel: Die kleine, stimmungsvolle Cocktailbar in einer Seitengasse der Kärntner Straße wurde vom Architekten Adolf Loos gestaltet und steht unter Denkmalschutz.

I., Kärntner Durchgang 10 | U-Bahn: Stephansplatz | Tel. 5 12 32 83 | www.loosbar.at | tgl. 14–3 Uhr | €€

Tschauner Bühne west. A3
Für die einzige noch existierende Stegreifbühne der Stadt ist
»das Wienerische« Programm. Improvisationsstücke aus Musik und Schauspiel lassen tief in die kulturelle Seele der Stadt
blicken. Voraussetzung: Grundkenntnisse des Wiener Dialekts.
XVI., Maroltingergasse 43 | U-Bahn: Kendlerstraße | Tel. 9 14 54 14 |
www. tschauner.at | Juni–Sept. tgl. ab 19 Uhr | €

Odeon Theater G2
Auf dem Spielplan stehen musikalische Märchen, Sprechtheater und Konzerte. Die Spielstätte im ehemaligen Börsengebäude stellt alle Kostüme, Malereien und Bühnenbauten im eigenen Haus selbst her. Absolut sehenswert!
II., Taborstr. 10 | U-Bahn: Nestroyplatz | Tel. 2 16 51 27 | www.odeontheater.at | Uhrzeiten und Spielplan auf der Webseite | €

Kabarett Simpl F3
Im ältesten durchgängig bespielten Kabarett der Welt gastieren
seit 1911 nationale und internationale Künstler. Spitze Zungen
und pointierter Humor haben hier ihr Zuhause.
I., Wollzeile 36 | U-Bahn: Stubentor | Tel. 5 12 47 42 14 | www. simpl.at |
Mo-Sa ab 19 Uhr | €€

Kursalon Wien F4
Für einen Abend schwungvoller Walzerklänge sorgt das Salonorchester »Alt Wien« – tanzen erwünscht. Die Walzerseligkeit
und Lebenslust kann wunderbar mit einem exklusiven Dinner
im Restaurant Johann verbunden werden.
I., Johannesgasse 33 | U-Bahn: Stadtpark | Tel. 5 12 57 90 | www.kursalon
wien.at | tgl. ab 18 Uhr | €€€

Arena Wien K6
Österreichs größtes alternatives Kultur- und Kommunikationszentrum lockt mit Konzerten aus allen Genres. Die Interpreten sind nicht selten im angrenzenden Beisl anzutreffen.
III., Baumgasse 80 | U-Bahn: Erdberg | Tel. 7 98 85 95 | www.arena.wien |
tgl. ab 18 Uhr | €€

FESTKALENDER

Januar
Neujahrskonzert der Wiener Philharmoniker
Mozart, Beethoven und »die Sträuße« begrüßen im Musikvereinssaal das neue Jahr. 50 Millionen sind live dabei.
1. Januar | www.wienerphilharmoniker.at

Februar
Opernball
Der Ball in der Staatsoper ist Wiens wichtigste Society-Veranstaltung. Wer in Österreich etwas auf sich hält, von Adabei bis Starlet, macht mit.
Februar | www.wiener-staatsoper.at

Akkordeonfestival Wien
Jazz, Klassik, Folk, Wiener Schrammeln und Klezmer prägen dieses feine, kleine Musikfestival. Gespielt wird in verschiedenen Theatersälen, Kneipen und Kirchen.
Ende Februar bis Ende März | www.akkordeonfestival.at

April
Wean hean
Ein Monat lang wird das Wienerlied gefeiert. Es treten Ensembles rund um Roland Neuwirth, Fritz Molden oder das Kollegium Kalksburg auf.
April–Mai | www.wienervolksliedwerk.at

Mai
Wiener Festwochen
Wiens größtes Kulturspektakel bietet für jeden etwas: Konzerte, Kooperationen im Filmmuseum, Musiktheater und Schauspiel. Das Eröffnungsfest steigt bei freiem Eintritt auf dem Rathausplatz.
Mitte Mai bis Mitte Juni | www.festwochen.at

Juni
Donauinselfest
Am letzten Juniwochenende ist die Donauinsel drei Tage lang Schauplatz des größten Gratis-Freiluft-Events Europas mit 20 Bühnen.
Ende Juni | www.donauinselfest.at

Jazzfest Wien
Das Jazzfest, das die Stadt an ungewöhnlichen Veranstaltungsplätzen wie der Staatsoper swingen lässt, ist nicht nur den Puristen vorbehalten. Größen des zeitgenössischen Jazz treten hier ebenso auf wie

Der Opernball markiert den Höhepunkt der Wiener Ballsaison. Er findet am letzten Donnerstag vor dem Aschermittwoch in der Staatsoper statt.

Seun Kuti, Marianne Faithfull oder Helge Schneider.

Ende Juni bis Anfang Juli | www.jazzfest.wien

Juli
ImPulsTanz
Österreichs wichtigstes Festival für zeitgenössischen Tanz, Tanztheater und -performances. Zu den Spielstätten gehören das MuseumsQuartier, das Volkstheater oder das Akademietheater.

Juli bis August | www.impuls tanz.com

Oktober
Film-Festival Viennale
Die Viennale ist Österreichs bedeutendstes Filmfestival und bietet ein umfangreiches Rahmenprogramm.

Ende Oktober bis Anfang November | www.viennale.at

Jüdisches Filmfestival Wien
In Zusammenarbeit mit dem Österreichischen Filmarchiv werden u. a. das Metro Kino, das Votivkino und auch das Jüdische Theater bespielt.

Oktober | www.jfw.at

Wien Modern
Die Musik des 20. und 21. Jh. steht bei dieser Konzertreihe im Mittelpunkt: Renommierte KomponistInnen sind ebenso dabei wie Newcomer.

Ende Oktober bis Mitte November | www.wienmodern.at

Dezember
Christkindlmärkte
Der Rathausplatz ist der größte, am Spittelberg und auf der Freyung gibt's viel Kunsthandwerk, Schönbrunn hat die schönste Kulisse.

Advent | www.adventguide.at

Eine Einkehr beim Würstelstand ist für die Wiener eine lieb gewonnene Tradition. Bei der Bestellung sind wienerische Begriffe für die Speisen besonders wichtig.

KULINARIK

Kulinarisch ist die Stadt ein Spiegel der Donaumonarchie, die Trends gehen in Richtung Süden. Entdecken Sie die Klassiker der Wiener Küche und ihre modernen Interpretationen.

Ein Kind vieler Väter

Der Vielvölkerstaat schöpfte aus dem Vollen und erst recht seine Hauptstadt, nicht zuletzt, wenn es um Rezepte ging. Vieles davon ist geblieben, vom ungarischen Gulasch, das in Ungarn jedoch *Pörkölt* heißt, bis zum Wiener Schnitzel, das verdächtig der *Piccata Milanese* ähnelt, halt eben ohne Nudeln und mit Bröseln statt Parmesan. Besonders die Böhmen und Mährer haben der Stadt einen köstlichen Stempel aufgedrückt und zeichnen verantwortlich für die berühmte Wiener »Mehlspeisküche«. Aus dem Osten, bis hin nach Rumänien und zur Ukraine, kommt die Vorliebe für die süßsauer eingelegten Gemüsespezialitäten, und aus dem alpinen Raum stammen die schönen runden Knödel und die Nockerl, anderswo Spätzle genannt. Völkerverständigung direkt aus der Küche.

46

Das Wiener Wirtshaus

Die Wurzeln der Wiener Gastlichkeit gehen verbrieft bis ins Mittelalter zurück – ein bis heute existierender Zeuge davon ist das »Griechenbeisl« zwischen Fleischmarkt und Schwedenplatz. Einen regelrechten Gasthaus-Boom erlebte Wien im Zuge der Industrialisierung, als neben der Arbeit kaum noch Zeit zum Kochen blieb, man zum Broterwerb in die Fabrik ging und daher zum Mittagessen nicht nach Hause kam. Gerade in den Arbeiterbezirken entstand eine Vielzahl von kleinen Gasthäusern, wo hausgemachte, einfache Gerichte in mehr oder weniger urigem Ambiente für kleines Geld verzehrt wurden und werden. Dazu trank man ein Glas Wein oder Bier.

Alter Stil wieder modern

Holzverkleidete Wände, in Jahrzehnten nachgedunkelt, dazu massive hölzerne Tische und Stühle, eine große Schank, dahinter eine Kühlwand und die Tagesgerichte mit Kreide auf die Tafel geschrieben – der klassische **Beisl-Stil** ist heute wieder angesagt. Alteingesessene Gasthäuser, vor zwei, drei Jahrzehnten noch an der ökonomischen Kippe, werden auch von jungen Leuten wieder frequentiert. Die traditionelle Kost steht hoch im Kurs, vom Wiener Schnitzel vom Kalb mit Petersilerdäpfeln über gekochten Tafelspitz mit Semmelkren, einer Meerrettichsoße, bis zu Fiakergulasch mit Würstel, Spiegelei, Gurkerl und Knödel oder schlichten Marillenknödeln. Dabei wird drauf geachtet, dass Fleisch und Gemüse in Bioqualität verarbeitet wird, jedes Ei vom Freilandhuhn kommt und das Bier aus einer kleinen Privatbrauerei. Und wenn es fleischlos sein soll: Wien hat mit dem Tian in der Seilerstätte das erste mit einem Michelin-Stern gekürte vegetarische Restaurant.

Gemischter Satz

Und der **Wein**? Der, bitte schön, soll auch aus Wien sein. Galionsfigur des Wiener Weins ist der Gemischte Satz – eine Art Cuvée, aber eine im Weingarten gewachsene. Heute werden die meisten Weingärten reinsortig bepflanzt, bis gegen Ende des 19. Jahrhunderts mischte man jedoch die Reben bunt durcheinander und schätzte dann den richtigen Zeitpunkt für die Lese, wenn die eine Sorte nicht mehr ganz grün war und die andere noch nicht zu reif. Der so entstandene »Gemischte Satz« wurde nach der Lage benannt und war dann eben kein Veltliner oder Riesling, sondern etwa ein Nußberger, weil vom Nußberg. Die jüngste Renaissance des Wiener Gemischten Satzes mit seinen vielschichtigen Aromen, mittlerweile sogar als DAC geschützt, ist einer Handvoll engagierter Wiener Winzer zu verdanken.

Heuriger und Buschenschank

Die Wiener Weinseligkeit wurde oft besungen. Die Grundlage dafür hat Kaiser Joseph II. geschaffen, als er 1784 den Winzern erlaubte, den eigenen Wein auszuschenken. Die einstigen Heurigenvororte sind längst eingemeindet, der ländlich-malerische Charakter ist jedoch geblieben. Und so wird von **Nußdorf** bis **Neustift**, in Mauer, aber auch jenseits der Donau bis zum Bisamberg der Föhrenbuschen über den Eingang gehängt, zum Zeichen, dass »ausg'steckt«, also geöffnet ist. Das Angebot an Speisen hat sich im Lauf der Zeit stark verändert, heute gibt es zu den Klassikern Liptauer, Schmalz, Wurstwaren und Käse auch warme, bodenständige Gerichte, von Schweinsbraten bis Blunzengröstl. Eines jedoch hat sich nicht verändert: ausgeschenkt wird ausschließlich der eigene Wein.

Es geht um die Wurst

Trotz Kebab und Sushi ist der **Würstelstand** ein Wiener Kulturdenkmal. »Besser als vor Stunden beim Festbankett schmeckt mir jetzt die Heiße beim Würstelstand.« Auf diese Eintragung des Altkanzlers Bruno Kreisky ist man beim »Leo« heute immer noch stolz – dem ältesten Würstelstand von Wien. Seit 1928 steht diese Institution an der Kreuzung Nußdorfer Straße und Döblinger Gürtel. Das Äußere hat sich freilich gewandelt, aus dem mobilen Karren ist ein moderner Kiosk geworden. Und auch das Angebot der Würstelstände wurde erweitert, um Hotdogs, vegane Würstel und Pommes frites, neben der Oper wird sogar Champagner ausgeschenkt. Die Klassiker bleiben jedoch: die »Heiße«, eine Burenwurst, die Käsekrainer, die Frank-

Ein Föhrenbuschen oder ein Kranz über dem Lokaleingang weisen darauf hin, dass der betreffende Weinhauer gerade seinen Wein aus eigenem Anbau ausschenkt.

furter, die in Frankfurt »Wiener« heißen, und die leicht pikanten Debreziner. Sie sind noch immer Teil der Wiener Lebensart. Und niemanden wundert's, dass 1935 Österreich bei der Weltausstellung in Brüssel einen Würstelstand präsentierte.

Klassiker für Naschkatzen

Ohne die berühmteste Mehlspeise Wiens nach Hause fahren? Geht gar nicht. Die Original **Sachertorte** nach dem Rezept von 1832 wird direkt im Café Sacher verkauft, reisefertig verpackt. Wer möchte, kann sich die Torte auch auf dem Postweg nachsenden lassen. Ebenfalls nicht fehlen dürfen die **Manner Original Neapolitaner Schnitten**. Auch diese wurden bereits im 19. Jahrhundert erfunden und schmecken heute mindestens genauso gut wie damals. Allein im Manner-Flagshipstore am Stephansplatz werden täglich bis zu 4000 Manner-Schnitten verkauft. Kaiserin Elisabeth schwor hingegen auf die »Pischinger Torte«. Seit über 170 Jahren hat sich der Familienbetrieb auf Waffeln spezialisiert, die aus zarten Oblaten hergestellt werden. Zu kaufen gibt es die Klassiker, neben »Betthupferl« und Schoko-Maroni in allen Filialen der Confiserie Heindl. Honig von den Secessionsbienen gibt es direkt im Shop der Secession. Dort sind auch die in Wien handgefertigten Schneekugeln zu finden.

49

Am Karmelitermarkt in der Leopoldstadt trifft man sich am Samstag gerne zum Frühstücken und zum Einkaufen an den Standln und in den Feinkostläden.

AUTHENTISCHE MARKTKULTUR

Die Bäuche von Wien

Es geht beileibe nicht nur ums Einkaufen. Wer vom Karlsplatz aus über den **Naschmarkt** schlendert, der kommt an dem einen oder anderen authentischen Marktstand vorbei. Diese bestens etablierte Essmeile lädt zu ausgedehnten Pausen ein und bietet Kostproben aus der ganzen Welt. Einen Besuch wert sind ebenfalls der samstägliche **Bio- und Bauernmarkt** am Ende des Naschmarkts, kurz vor der Kettenbrückengasse, und der anschließende **Flohmarkt**. Samstag ist ein gutes Stichwort, denn dies ist der Tag, an dem die Wiener selbst gerne zwischen den Marktständen flanieren und ihre Einkäufe für das Wochenende tätigen. Es waren die Bauern aus dem Wiener Umland, die die Märkte – von denen es in fast jedem Viertel einen gibt – einst versorgten. Dann wurden sie von Supermärkten und der modernen Agrarpolitik verdrängt. Nun sind sie wieder da, mit Gemüse aus den Gärtnereien in Simmering oder von den fruchtbaren Feldern im Osten der Stadt, mit Wild aus dem Marchfeld sowie Käse und Obst, oft in Bioqualität.

Nur wenige Gehminuten von der Innenstadt zeigt sich der **Karmelitermarkt** als hipper Mikrokosmos mit sehr viel Flair.

50

Hier wird vor allem Wert auf anspruchsvolles Essen gelegt. Der traditionsreiche Markt in der einst vorwiegend jüdischen Leopoldstadt, der seit 1671 besteht, zeigt sich wochentags von seiner stillen Seite, am Samstag jedoch kann man sich hier genussvoll von Stand zu Stand treiben lassen. Slow Food Wien hat eine eigene Ecke, viele kleine Restaurants und Cafés fungieren auch als Feinkostläden.

In Wien gibt es 17 ständige Märkte und fünf Wochenmärkte, auf denen es hauptsächlich ums Essen geht. Die Zutaten kommen dabei von den regionalen Nahversorgern in und um Wien, auch wer Exotisches bevorzugt, ist hier richtig.

Längst etabliert unter den Food Scouts ist das Quartier rund um den Yppenplatz in Ottakring. Seine Lebensader ist der alteingesessene **Brunnenmarkt**, der mit mehr als 170 Marktständen zwischen Thaliastraße und Yppenplatz der größte Straßenmarkt Wiens ist. Mittendrin und drum herum: eine florierende Lokalszene. Während in der Brunnengasse Gemüse und Obst zu Dumpingpreisen feilgeboten wird, ziehen die Pavillons am Yppenplatz mit Pasta, Wein, Wildkräutern oder Rohmilchbutter eine qualitätsbewusste Gourmetklientel an, die für die begehrten Leckerbissen auch schon mal eher aus den Federn hüpft. »Unsere Stammkunden kommen schon früh am Morgen«, sagt Stephanie Theuringer und lächelt. Im Sommer steht die junge Bäuerin jeden Samstag mit erntefrischen Artischocken aus dem Marchfeld vor Staud's Pavillon. Johanna Staud verkaufte hier seit 1947 Marmeladen und eingelegtes Gemüse, ihr Sohn Hans hat daraus eine weltweite Edelkonservenmarke gemacht.

Die Seele der Stadt ist auf ihren Märkten zu Hause. Und die Wiener geben sich hier ein Stelldichein. Die junge Szene tummelt sich auf noch kaum bekannten, aber höchst spannenden Märkten wie dem **Vorgartenmarkt** zwischen Reichsbrücke und Prater oder dem **Meidlinger Markt**. Bourgeoise Feinschmecker schätzen die Biostandeln auf dem **Kutschkermarkt** in Währing, Multikulti-Fans schwören auf den **Viktor-Adler-Markt** in Favoriten unweit des neuen Bahnhofsviertels. Ein Besuch zahlt sich jedenfalls aus. Denn die Märkte der Stadt sind bunt, lebendig und eine Extraportion Wiener Lebensart.

KULINARISCHES LEXIKON

Achterl: Achtelliter, kleines, gängiges Weinmaß
Aschanti: Erdnuss

Beinfleisch: Rindfleisch von der Brust (Brustbein)
Beugel: Mürbgebäck mit Mohn- oder Nussfüllung
Beuschel: Ragout aus Herz und Lunge in Rahmsoße
Blunzn: Blutwurst
Brettljause: kalte Platte mit Speck, Wurst und Käse
Buchteln: Hefegebäck, bisweilen mit Powidl gefüllt; wird vorzugsweise warm serviert (mit Vanillesoße)

Eierschwammerl: Pfifferling
Einspänner: Mokka im Glas mit Schlagsahne
Eitrige: Käsekrainer
Erdäpfel: Kartoffeln
Erdäpfelschmarrn: Röstkartoffeln
Extrawurst: feine Schnittwurst (Fleischwurst)

Faschierte Laberln: Frikadellen, Buletten, Fleischpflanzerl
Faschiertes: Hackfleisch (oft Rind und Schwein gemischt)

Fiakergulasch: Gulasch mit Würstchen, Gurke und Ei
Fisolen: grüne Bohnen
Frittaten: Suppeneinlage aus Pfannkuchenstreifen

Germteig: Hefeteig
Golatschen: gefüllte Plunderteigtaschen
Großer Brauner: großer Espresso mit wenig Milch
Gselchtes: Geräuchertes
G'spritzter: Weinschorle

Häuptelsalat: grüner Salat
Heiße (auch Burenhäutl, Burenwurst): an Würstelständen verkaufte fette Brühwurst
Holler: Holunder

Kaiserfleisch: geräuchertes Karreestück vom Schwein
Karfiol: Blumenkohl
Kleiner Brauner: kleiner Espresso mit Milch
Kracherl: Limonade
Krautfleckerl: Teigwaren mit gedünstetem Weißkohl
Kren: Meerrettich
Kruspelspitz: mageres Fleischstück aus der Rinderschulter
Kukuruz: Mais

Laberl: rundliches Brötchen
Letscho: Gemüseragout aus Paprika, Tomaten, Zwiebeln
Liptauer: Streichkäse (Quark mit Paprika, Zwiebeln, Kümmel, Butter, Kapern)
Lungenbraten: Lendenbraten

Malakofftorte: eine cremige Schichttorte
Melange: halb Kaffee und halb geschäumte Milch
Milchrahmstrudel: Strudel aus Milch, Rahm und Quark, mit Vanillesoße
Mohnnudeln: Kartoffelteigröllchen, übergossen mit Butter, Mohn und Zucker

Obers: Sahne

Palatschinken: Pfannkuchen
Paradeiser: Tomate
Pofesen: böhmische »Arme Ritter« mit Powidl
Powidl: dick eingekochtes Pflaumenmus, als Füllung in Mehlspeisen

Ribiseln: Johannisbeeren
Russen: Bismarckheringe

Scherzl: Anschnitt bzw. Endstück des Brotlaibs
Schinkenfleckerln: Auflauf aus Teigwaren und Schinkenstückchen

Schlögel: Kalbs- oder Lammkeule
Schöberl: Suppeneinlage aus Biskuitteigwürfeln
Schwammerl: Pilz
Schwedenbombe: schaumiger Schokokuss
Seidel: 0,3 Liter Bier
Selchkarree: Kasseler
Stamperl: kleines Schnapsglas
Stelze: Haxe (Eisbein)
Striezel: Hefeteigzopf
Sturm: noch gärender Traubenmost (Federweißer)
Surbraten: in Salzlake gebeiztes Schweinefleisch

Tafelspitz: gekochtes Stück vom Rind
Topfen: Quark

Vanillerostbraten: gebratenes Rindfleisch in Soße, verfeinert mit Knoblauch
Verlängerter: Kaffee mit heißem Wasser verdünnt
Vogerlsalat: Rapunzelsalat

Weckerl: längliches Brötchen
Weinberl: Rosine

Zuckerl: Bonbon
Züngerl: gekochte Zunge vom Kalb, Schwein oder Rind
Zwetschkenröster: süß gedünstete Pflaumen, zwischen Kompott und Konfitüre

FLÜSSIGE KLÄNGE

Der Wein war den Wienern schon immer ein Lied wert

Johann Strauß hat in Wien deutliche Spuren hinterlassen: Dazu gehören ein goldglänzendes Denkmal im Stadtpark und vor allem seine hinreißenden Melodien. Eine davon hat Strauß 1869 dem Wein gewidmet. Und **Johannes Brahms**, selbst ein begeisterter Weintrinker, zitiert den Walzer seines Freundes »Wein, Weib und Gesang« in seinem Streichquartett op. 51. Dass die Musiker etwas übrighaben für den Wein und die Weintrinker ihrerseits für die Musik, ist vor allem in Wien unübersehbar.

Dass jedoch ein Brüderpaar zum Sinnbild für Heurigenmusik schlechthin geworden ist, macht die **Schrammeln** zu einer Ausnahmeerscheinung in der ohnehin schon höchst kreativen Musikszene Wiens zum Ende des 19. Jahrhunderts. So berichtet das »Illustrierte Wiener Extrablatt« am 7. Oktober 1883: »Da wird mit einem Fiedelbogen auf den Resonanzboden einer Geige dreimal geklopft. Drei Zauberschläge. In einem Nu ist der Lärm verstummt, eine heilige Ruhe herrscht in dem Saal, der plötzlich in eine Kirche umgewandelt zu sein scheint, und aller Augen sind nach dem Podium gerichtet, auf welchem drei Männer sitzen. Zwei legen den Bogen auf die Saiten, der dritte hat die Finger auf den dicken Leib seiner Gitarre gelegt, das sind die Schrammeln. Da gibt es keine Claque, keine bezahlten Applaus-Fabrikanten, keine befreundeten Stimmungserzeuger, da gibt es nur Verehrer und Fanatiker …«

Es sei der Geiger **Josef Schrammel** gewesen, so erzählt der Kontragitarrist Peter Havlicek, der 1878 seinen älteren Bruder **Hanns Schrammel** zur Gründung eines Terzetts überredete, das bald zu einem Quartett erweitert werden sollte. Die vielen »Hits« ihrer Zeit, die aus der Feder der Gebrüder überliefert sind, werden heute noch gespielt, nicht zuletzt von Havlicek und seinen Mitspielern im Ensemble **Neue Wiener Concert Schrammeln**. Wenn auch in zeitgemäßem Kleide. Unzählige alte »Weana Tanz« und Märsche sind Ausgangspunkt und Inspiration für frische Klänge. Die **Philharmonia Schrammeln**, aber auch die Neuen Wiener Concert Schrammeln verfeinern unermüdlich ihren Klang, den Klang von Wien. Entstanden in Wiener Heurigenlokalen, geschätzt von berühmten Musikern, heute sogar zu finden in renommierten Konzertsälen der Welt.

Dort ist **Peter Uhler** ohnehin zu Hause. Er ist Violinist, erster Geiger im Radio-Symphonieorchester Wien. Doch er ist auch Winzer und hat neben Grünem Veltliner, Riesling, Muskateller und Welschriesling eine dritte Leidenschaft: die Volksmusik. Seit seiner Diplomarbeit über Josef Friedrich Mikulas – einen »Multiinstrumentalisten«, der Mitte des letzten Jahrhunderts ein neues Niveau in die Schrammelmusik gebracht hat – heißt es bei Uhler neben Wiener Wein auch Wienerlied. Musik und Wein ist für ihn ein Ganzes. »Ich habe von der Musik viel in den Weingarten mitnehmen können.« In beides müsse man sich hineinleben, den richtigen Augenblick finden. Ein Weinberg sei wie ein Komponist, die unergründliche Grundlage, während die Rebsorte dem Musikstil gleiche, wechselnd und auch der Mode unterworfen. Der Weinbauer schließlich sei der Interpret, nur der Diener der Sache. »Eigentlich geht's da wie dort genau um dasselbe.«

Viele Wiener Winzer setzen auf Musik. Peter Bernreiter hat gemeinsam mit Musikern sogar sein eigenes Festival »Kultur und Musik im Weingut« gegründet – mit Schwerpunkten Oper und Operette sowie Förderung junger Künstler.

Musik zum Wein wird gern serviert. In der **Buschenschank in Residence** vom Weinbau Jutta Ambrositsch mitten im traditionsreichen Heurigenort Grinzing etwa verlieren sich mit schöner Regelmäßigkeit die zarten Klangarabesken der chromatischen Wiener Knopfharmonika von Walther Soyka – auch er Mitglied der Concert Schrammeln – zwischen Gemischtem Satz und Grammelschmalz. Und auch anderswo wird aufgespielt und eingeschenkt: Beim Heurigen **Hengl-Haselbrunner** etwa, meist am Dienstag, oder im **Liebhartsaler Bockkeller**, wo jeder erste Montag im Monat im Zeichen der Schrammelmusik – aber auch der zeitgemäßen Wienerlieder – steht. Köstlich und doch flüchtig wie ein Achterl Wein.

Die prächtige Karlskirche war das letzte Werk von Johann Bernhard Fischer von Erlach. Er schuf damit ein einzigartiges barockes Vermächtnis.

HINEIN IN DIE STADT

INNERE STADT

Rathaus · Stephansdom

Im Herzen der Stadt findet man fast alles, was Wien berühmt gemacht hat: vom Stephansdom über die Staatsoper und die Kärntner Straße bis zur Sachertorte. Dazwischen laden verwinkelte Gassen zum Bummeln und Kaffeehäuser zum Rasten ein.

Das historische Zentrum von Wien mit all seinen Sehenswürdigkeiten ist für Touristen besonders leicht zu erkunden. Alles ist gut zu Fuß erreichbar. Zudem locken weitläufige Fußgängerzonen und romantische Gassen mit alten Pflastersteinen zum Bummeln zwischen den prunkvollen Fassaden. Entstanden ist der 1. Bezirk auf den Resten des ehemaligen Römerlagers **Vindobona**. Das heutige Wien entwickelte sich erst im Mittelalter und wurde dann schnell Herrschaftszentrum der Babenberger und später der Habsburger. Für Wien-Besucher aus der ganzen Welt ist die Innere Stadt stets das erste Ziel. Deshalb kann es schon mal passieren, dass die Plätze sehr belebt sind und sich so manche Warteschlange vor den Sehenswürdigkeiten bildet. Aber keine Sorge. Wer sich ein wenig antizyklisch zu den Touristenströmen bewegt, findet leicht ruhige Momente, in denen die Atmosphäre der Stadt fast ungestört

Hofburg → S. 84 · Blick über die Altstadt von Wien · Minoritenkirche

genossen werden kann. Schlendern Sie doch mal am frühen Morgen zum **Stephansdom** oder dem **Rathaus**. Es lohnt sich. Oder Sie entfliehen zwischendurch dem Trubel und blicken bei einer Melange im **Haas-Haus** von oben auf das Geschehen. Konditionsstarke erklimmen den **Steffl** und erleben die einzigartige Architektur des Doms vom Dachboden und Turm aus in einer neuen Perspektive. Zu erleben gibt es an jeder Ecke etwas. Die Innere Stadt ist voll von Geschichte, Geschichten und Legenden, die nur darauf warten entdeckt zu werden. Die »Bim«, wie die Straßenbahn liebevoll genannt wird, ist ein gutes Vehikel, um sich bei einer Fahrt entlang der **Ringstraße** einen ersten Eindruck zu verschaffen. Allein an diesem Prachtboulevard liegen schon viele Kostbarkeiten, von den offensichtlichen wie der **Staatsoper** oder den großen Museen bis zu eher unbekannteren wie dem **Palais Ephrussi** am Schottentor.

Ein gerüttelt Maß an Kultur also – da empfiehlt sich zur Erholung ein Spaziergang entlang des **Donaukanals** oder ein Bummel durch **Kärntner Straße**, **Kohlmarkt** oder **Graben**; noch immer sind hier einige der mondänsten Geschäfte Wiens zu finden. Zwischendurch müssen Sie natürlich die einzigartige Atmosphäre in einem Wiener **Kaffeehaus** wie dem Frauenhuber, dem Bräunerhof oder dem Hawelka schnuppern, ein Wiener Schnitzel genießen oder den Wiener Gemischten Satz verkosten – ganz auf den Spuren der Literaten und Künstler. Vielleicht kommen Sie auch mit ein paar Wienern ins Gespräch und lassen den Abend in einer der schicken Bars oder im berüchtigten **Bermuda-Dreieck** ausklingen.

Rathaus → S. 99
Peterskirche → S. 70
Votivkirche → S. 161

SEHENSWERTES

1 Stephansdom ★
2 Mozarthaus Vienna
3 Galerie Krinzinger
4 Winterpalais des Prinzen Eugen
5 Haus der Musik
6 Kärntner Straße
7 Galerie Kaiblinger
8 Haas-Haus
9 Graben ⚑
10 Pestsäule
11 Peterskirche
12 Bank Austria Kunstforum
13 Palais Ephrussi
14 Judenplatz mit Mahnmal ⚑
15 Altes Rathaus
16 Maria am Gestade
17 Ruprechtskirche ⚑
18 Synagoge (Stadttempel)
19 Ankeruhr ⬤
20 Ringstraße

21 Postsparkasse
22 Museum für Angewandte Kunst (MAK)

ESSEN UND TRINKEN

1 Gerstner k.u.k. Hofzuckerbäcker
2 Frauenhuber
3 Zu den 3 Hacken
4 Figlmüller
5 Zwölf Apostelkeller
6 Café Engländer
7 Café Prückel
8 Motto am Fluss

EINKAUFEN

9 Confiserie Altmann & Kühne
10 Meinl am Graben
11 Lena Hoschek Flagshipstore
12 A. E. Köchert
13 Steffl
14 Lobmeyr
15 Ringstraßen-Galerien

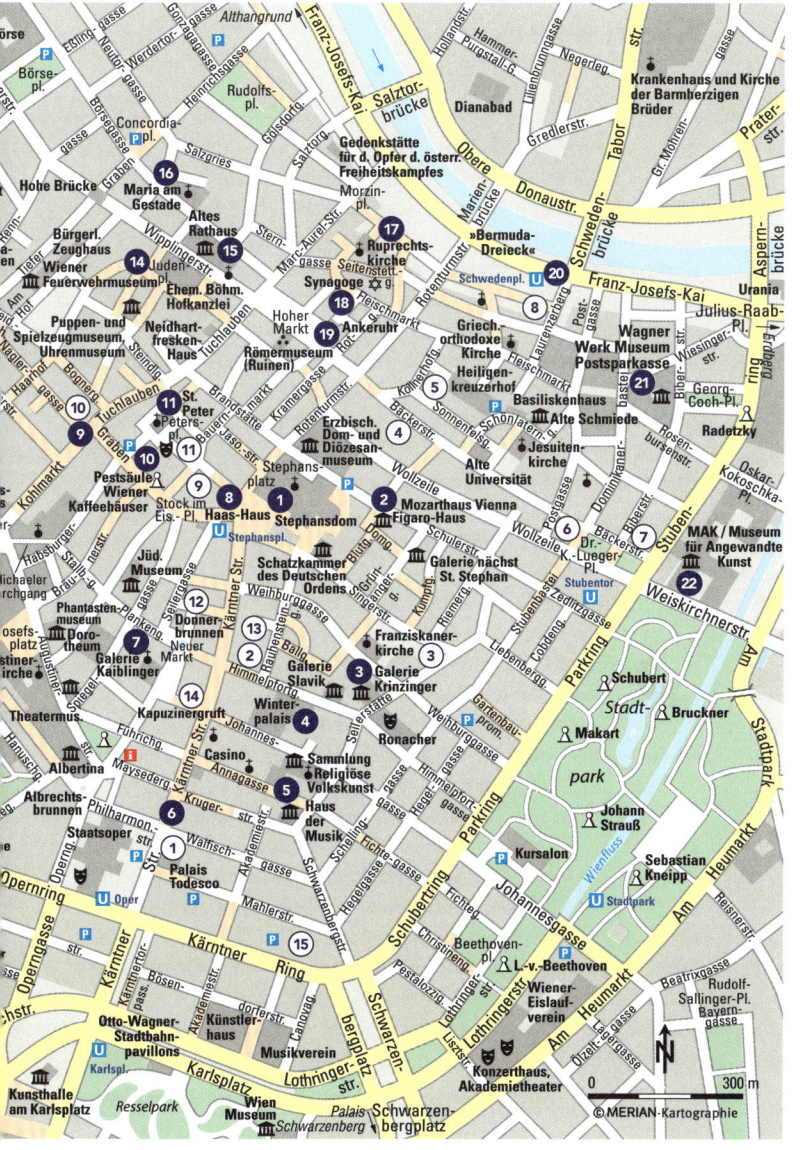

© MERIAN-Kartographie

Sehenswertes

MERIAN TOP 10

❶ STEPHANSDOM F3

Auf dem Dachboden der Domkirche St. Stephan: Wer den bedeutendsten Kirchenbau Wiens, kurz »Steffl« genannt, aus einer völlig neuen Perspektive erleben möchte, sollte eine Führung auf den Dachboden buchen. Zwar müssen dafür 120 Stufen hochgeklettert werden, aber dafür wird man mit exklusiven Ein- und Ausblicken belohnt, beispielsweise auf die 230 000 bunten Ziegel des 110 m langen Daches, die selbst viele Einheimische so noch nicht gesehen haben. Eine schöne Alternative – oder Ergänzung – zum Besuch der Türme.

Auch ohne vollendeten Nordturm (in dem seit 1958 die gewaltige Glocke **Pummerin** läutet) ist der »Steffl« mit dem imposanten, 137 m hohen **Südturm** das Wahrzeichen Wiens. Im ehemals höchsten Gebäude Wiens wurde 1534 eine Feuerwache eingerichtet. Ein Türmer versah in 73 m Höhe seinen Dienst. Die Stube im Südturm ist noch heute zu erreichen. Der Letzte seiner Zunft hielt bis 1955 nach Feuersbrünsten Ausschau. Von oben bietet sich eine grandiose Aussicht über die Stadt. Allerdings muss man dazu die 343 Stufen bis zur in 73 m Höhe gelegenen **Türmerstube** überwinden und dem »Drehwurm« auf der steilen Wendeltreppe trotzen. Einfacher kommt man auf den **Nordturm** – mit dem Aufzug.

Benannt ist der Dom nach dem hl. Stephanus, dem ersten christlichen Märtyrer. Die Westfassade mit dem Riesentor und den beiden **Heidentürmen** hat sich noch vom romanischen Bau erhalten, der Rest hingegen ist gotisch: In den Jahren 1304 bis 1340 wurde der dreischiffige Hallenchor errichtet, 1359 folgte das Langhaus. 1433 wurde der Südturm vollendet. Die Arbeiten am Nordturm wurden 1511 eingestellt.

Das Dach des Stephansdoms zieren rund 230 000 bunt glasierte Ziegel. Diese sind so steil angebracht, damit der Schnee im Winter nicht lange liegen bleibt.

Sie gilt als schwerste und größte Glocke in ganz Österreich: die Pummerin im Nordturm des Stephansdoms. Ihre Vorgängerin war 1945 zerbrochen.

DIE PUMMERIN UND IHRE GEFÄHRTINNEN

Wie die Stimme Österreichs zu schwingen begann

… fünf, vier, drei, zwei, eins. Das Läuten der Pummerin setzt ein. Volle, dunkle, mystische Glockentöne erfüllen den Stephansplatz. Ein besonderer Moment. Vor allem zu Silvester. Denn da läutet die mächtige Marienglocke um Punkt zwölf Uhr Mitternacht seit über 67 Jahren im Nordturm des **Stephansdoms** – noch ein paar Sekunden vor Donauwalzer und Feuerwerk – das neue Jahr ein. Deshalb wird sie auch als die »Stimme Österreichs« bezeichnet. Als Symbol für Frieden und Freiheit.

Dabei ist sie eigentlich schon die zweite Glocke mit dem Namen Pummerin. Ihre Vorgängerin wurde im Auftrag von **Kaiser Joseph I.** 1711 aus erbeuteten türkischen Kanonenkugeln gegossen. Das brachte ihr ein stattliches Gewicht von 22 500 Kilo ein. Beim Dombrand 1945 in Folge der Bombardierungen von Wien wurde sie jedoch zerstört. Aus ihren Bruchstücken wurde 1951 dann die neue Pummerin gegossen. Sie wiegt eine halbe Tonne weniger als die alte Glocke. Samt ihrer Krone hat sie einen Durchmesser und eine Höhe von jeweils drei Metern – eine echte Herausforderung für die Glockengießer. Ein paar Schwierigkeiten gab es bereits bei der Vorgängerin. Ganze 200 Männer waren 1711 vonnöten, um die fertige Glocke quer durch die Stadt zu ziehen: So voluminös war der

64

neue Klangkörper, dass er nur durch das Fischertor beim roten Turm in die Innere Stadt gebracht werden konnte.

Nicht die einzige Anekdote, die sich um die Glocken rankt. So musste Glocke Nummer zwei nach ihrer Weihe und dem ersten Glockenschlag ganze fünf Jahre auf einem Holzgerüst vor dem Dom ausharren, bevor sie im Nordturm ihre finale Klangstätte einnahm. Zu hören ist sie ausschließlich zu speziellen Anlässen – wie eben Silvester, Heiliger Abend oder Stefanitag. Auch zum Nationalfeiertag ertönt ihr Klang. Zudem verkündet die Pummerin die Wahl oder das Ableben eines Papstes. Wer die Pummerin zum Jahreswechsel aufgrund des Lärms in den Straßen überhört, braucht nur ein wenig früher in die Stadt zu gehen. Denn die Pummerin läutet an diesem Tag gleich zweimal. Das erste Mal erklingt sie bereits um 17.30 Uhr nach der Jahresschlussandacht. Damit sie das noch lange machen kann, wurden ihre knapp 900 Kilogramm schweren Klöppel gegen leichtere getauscht. Das hat ihre Lebensdauer gleich verzehnfacht. Auch eine weitere historische Glocke aus den Anfängen des Doms ging 1945 zugrunde. Im Jahr 1279 goss ein Meister Konrad die zwei Tonnen schwere **Fürstenglocke** oder »Zwölferin«, auf der die Worte zu lesen waren: »Ich Erz dieser Glocke erschalle niemals vergeblich, ich verkündige entweder Krieg, Feyerlichkeit, Feuersbrunst oder ein ehrbares Begräbnis.«

Doch auch die kleineren Schwestern der Pummerin können sich hören lassen. Mit 22 Glocken besitzt der Stephansdom eines der größten Geläuteensembles der Welt. Im Südturm, wo einst die »alte« Pummerin hing, erklingen jetzt elf Glocken. Jede ist nach einem anderen Heiligen benannt, gegossen wurden sie 1960 in Wien. Jeden Samstag und Sonntag läuten zur Vesper im nördlichen Heidenturm sechs historische Glocken, sie warnten einst bei Feuer, riefen zum Gebet oder mahnten zur Totenwache, darunter die Kantnerin von 1552, die Fehringerin von 1772 oder die Bierglocke von 1546. Letztere hat ihren Namen nicht grundlos. Über Jahrhunderte hinweg gab sie abends den Schankwirten und deren Gästen das Zeichen zur Sperrstunde in der Stadt. Heute macht sie das noch im Mai an den Abenden des Steffl-Kirtags.

Im Inneren ist die von Anton Pilgram 1514/1515 geschaffene Kanzel – an der sich der Dombaumeister als »Fenstergucker« mit einem Porträt an ihrem Sockel selbst verewigt hat – sehenswert. Auch das Grabmal von Kaiser Friedrich III. in rotem Marmor (errichtet 1467–1513 von Niclas Gerhaert van Leyen) und der Wiener Neustädter Altar, ein kunstvoller gotischer Flügelaltar (1477), lohnen den Blick. Das barocke Grabmal von Prinz Eugen von Savoyen befindet sich ebenfalls in der Kirche. Neben dem Aufzug zum Nordturm liegt der Abgang zu den Katakomben: Hier stehen 56 Urnen mit Eingeweiden von Habsburgern, deren Körper in der **Kapuzinergruft** ruhen. Auch Herzog Rudolf der Stifter und 14 weitere Habsburger sind hier bestattet.

Stephansplatz | U-Bahn: Stephansplatz | www.stephanskirche.at | Mo–Sa 6–22, So 7–22 Uhr | Führungen Mo–Sa 9–11.30, 13–16.30, So 13–16.30 Uhr | Eintritt 5 €, Kinder 2 €
Südturm/Treppe: 9–17.30 Uhr | Eintritt 5 €, Kinder 3 €
Nordturm/Aufzug: 9–17.30 Uhr | Eintritt 6 €, Kinder 2,50 €
Katakomben: Mo–Sa 10–11.30, 13.30–16.30, So, Feiertag 13.30–16.30 Uhr (halb- oder viertelstündlich) | Eintritt 6 €, Kinder 2,50 €
Dachboden-Führungen: Juli–Sept. jeweils Sa 19 Uhr | Eintritt 11 €, Kinder 5 €

❷ MOZARTHAUS VIENNA F3

Die einzige bis heute erhaltene Wiener Wohnung Mozarts, in der der Komponist in den Jahren von 1784 bis 1787 zu Hause war und komponierte. In der historischen Wohnstätte erfährt man auch einiges über die Zeit, in der Mozart lebte.

Domgasse 5 | U-Bahn: Stephansplatz | Tel. 5 12 17 91 | www.mozarthaus vienna.at | tgl. 10–19 Uhr | Eintritt 11 €, Kinder 4,50 €

❸ GALERIE KRINZINGER F3

Seit den 1970ern ist die Galerie ein Fixstern am Wiener Kunsthimmel und vertritt u. a. Attersee, Gironcoli, Nitsch oder auch junge Künstler. In den letzten Jahrzehnten wurde ein Schwerpunkt auf Künstler der amerikanischen Westküste gelegt.

Seilerstätte 16 | U-Bahn: Stephansplatz | www.galerie-krinzinger.at | Di–Fr 12–18, Sa 11–16 Uhr

Das barocke Winterpalais des Prinzen Eugen mit der Prunkstiege wurde aufwendig renoviert. Heute wird das Gebäude auch vom Finanzministerium genutzt.

④ WINTERPALAIS DES PRINZEN EUGEN F3

Begonnen von Johann Bernhard Fischer von Erlach, fertiggestellt von Johann Lukas von Hildebrandt: Das barocke Winterpalais von Prinz Eugen in der Himmelpfortgasse wartet mit dem Blauen Salon mit einem Deckenfresko von Louis Dorigny, dem Roten Salon, dem früheren Audienzzimmer, dem Goldkabinett sowie dem Schlachtenbildersaal mit Gemälden von Jacques-Ignace Parrocel auf. Das Museum wurde leider geschlossen. Aber mit ein bisschen Glück kann man doch noch die Prunkräume sehen – etwa am »Tag des Denkmals«.
Himmelpfortgasse 8 | U-Bahn: Stephansplatz

⑤ HAUS DER MUSIK F4

Walzer würfeln, ins Stimmenmeer eintauchen, selbst ein Orchester dirigieren oder auf Klangteppichen schreiten: Das Haus der Musik ist alles andere als ein langweiliges Museum. Vielmehr wird hier die Musik mit allen Sinnen interaktiv erlebbar.

Nebenbei lernen Sie die Wiener Philharmoniker näher kennen oder gehen auf Tuchfühlung mit den großen Meistern wie Mozart & Co. Auch die Konzerte im Haus der Musik sind einen Besuch wert. Unbedingt vorab über die Termine informieren.
Seilerstätte 30 | U-Bahn: Stephansplatz | Tel. 5 13 48 50 | www.hausder musik.com | tgl. 10–22 Uhr | Eintritt 13 €, Kinder 6 €

❻ KÄRNTNER STRASSE E/F 3/4
Die große Fußgängerzone der City – einst Ausgangspunkt bzw. Schlussstück eines alten Reisewegs zwischen Wien und der Adria, der über Kärnten führte – ist heute eine der größten Shoppingmeilen der Stadt. Die Kärntner Straße bildet außerdem oft die Bühne für Straßenmusikanten und Selbstdarsteller, und in den Seitengassen findet man nette »Schanigärten«: Von dort lässt sich das Treiben in der Innenstadt bequem beobachten.
U-Bahn: Stephansplatz

❼ GALERIE KAIBLINGER E3
Gottfried Helnwein, Egon Schiele, Gustav Klimt und Oskar Kokoschka – all diese klingenden Namen sind bei Siegfried Kaiblinger vertreten. Der Galerist hat sich auf österreichische Malerei ab 1900 spezialisiert. Freunde der klassischen Moderne und zeitgenössischen Kunst werden sich hier wohlfühlen.
Spiegelgasse 21 | U-Bahn: Stephansplatz | www.galerie-kaiblinger.at | Mo–Fr 10–18 Uhr

❽ HAAS-HAUS F3
Auf dem prominenten Platz gegenüber dem Stephansdom stand einmal das Einrichtungshaus Philipp Haas & Söhne. Der heutige Bau, in dessen Glasflächen sich der Stephansdom und die umliegenden Bürgerhäuser spiegeln, wurde vom Architekten Hans Hollein in den Jahren von 1985 bis 1990 als Geschäfts- und Bürohaus errichtet. Es gilt als eines der Meisterwerke der

Das Haas-Haus von Architekt Hans Hollein bildet mit seiner modernen Fassade einen interessanten Kontrast zu den historischen Fassaden der Altstadt.

modernen Architektur und ist ein beliebtes Fotomotiv. Aber gehen Sie auch unbedingt hinauf in den sechsten Stock und besuchen Sie die legendäre Onyx Bar (S. 41) – von der Dachterrasse haben Sie einen einmaligen Blick auf den Stephansdom. Abends wird eine Reservierung empfohlen!

Stephanspl. 12/Stock-im-Eisen-Pl. 4 | U-Bahn: Stephansplatz

🚩 MERIAN EMPFEHLUNG

⑨ GRABEN E/F3

Alt-Wiener Flair beim Bummeln erleben Sie entlang des Grabens, der nicht nur eine der ältesten Einkaufsstraßen ist, sondern auch eine der schönsten. Bereits im Mittelalter war der Graben ein Hauptverkehrsweg und wurde von Marktständen gesäumt. Später im 19. Jh. erledigte die Oberschicht hier in den Geschäften ihre Einkäufe. Viele der aufwendigen Fassaden sind noch erhalten geblieben. Ebenfalls am Graben befinden sich der **Josefsbrunnen** und die prachtvolle **Pestsäule**.

Graben | U-Bahn: Stephansplatz

⑩ PESTSÄULE E/F3

Mehrere Künstler waren 1682 bis 1693 an der Gestaltung der barocken Dreifaltigkeitssäule beteiligt. Sie wurde zum Vorbild zahlreicher Pestsäulen in Österreich. Nicht weit entfernt von der Säule sind die Grabenbrunnen. Diese markierten bereits im 15. Jh. den Graben als Platz. Als die Pestsäule gestaltet wurde, erweiterte man auch die Brunnen um Figuren.

Graben | U-Bahn: Stephansplatz

⑪ PETERSKIRCHE E/F3

Eine einst an dieser Stelle errichtete Kirche soll nach 792 von Karl dem Großen gestiftet worden sein, um den heidnischen Einfluss in der Stadt einzudämmen. Auf jeden Fall wurde die heutige Peterskirche am Standort wesentlich älterer Vorgänger 1702 bis 1733 als hochbarockes Gotteshaus erbaut. Sehenswert ist vor allem das großartige Kuppelfresko.

Petersplatz | U-Bahn: Stephansplatz

Seit Jahrhunderten wird am Graben rund um die Pestsäule Handel betrieben.
Heute kann man schön zwischen edlen Geschäften und Kaffeehäusern flanieren.

🄬 BANK AUSTRIA KUNSTFORUM E2

Van Gogh, Miró, Cézanne, Picasso, Warhol oder Roy Lichten-
stein – sie alle waren mit ihren Werken bereits im Bank Austria
Kunstforum zu Gast. Die private Institution holt immer wieder
spannende Ausstellungen nach Wien, von der klassischen Moderne bis hin zu zeitgenössischer Kunst.
Freyung 8 | U-Bahn: Herrengasse | www.kunstforumwien.at |
Sa–Do 10–19, Fr 10–21 Uhr | Eintritt 11 €, Kinder 4 €

🄭 PALAIS EPHRUSSI E2

Ein Palais an der frisch angelegten Ringstraße zu besitzen war
für die vermögenden Familien das Zeichen, es »geschafft zu haben«. Auch für die jüdischen. Am Universitätsring 14 steht das
Palais der Familie Ephrussi. Ignaz Ephrussi kam aus Odessa am
Schwarzen Meer, und weil Wien für seine Bankgeschäfte gerade ein fruchtbarer Boden zu sein schien, übersiedelte er in die
k.u.k. Hauptstadt. Schließlich brauchte das Kaiserhaus immer
wieder günstige Kredite. Den Ritterschlag erhielt Ephrussi
1872, fehlte also noch die standesgemäße Bleibe. Die entwarf

Das Mahnmal für die österreichischen jüdischen Opfer der Schoah erhebt sich am Judenplatz. Die Stahlbetonkonstruktion wurde im Jahr 2000 eingeweiht.

kein Geringerer als Theophil Hansen, der sich – die Wiener waren nicht frei von Neid – bald als »Judenarchitekt« betiteln lassen musste. Die Ephrussis flohen vor den Nazis nach England, Ignaz' Enkelin Elisabeth kehrte 1945 nach Wien zurück. Detail der Geschichte: Anna, das Dienstmädchen, hatte die kostbaren japanischen Netsuke-Figuren der Familie verstecken können und übergab sie Elisabeth, 264 Stück. Von der mutigen Frau ist heute nicht einmal der Familienname bekannt, die Geschichte der Ephrussis hat jedoch Elisabeths Enkel Edmund de Waal im Bestseller »Der Hase mit den Bernsteinaugen« verewigt.

Universitätsring | U-Bahn: Schottentor

2 MERIAN EMPFEHLUNG

14 JUDENPLATZ MIT MAHNMAL E/F2

Es ist ein Ort der Erinnerung und des Innehaltens. Im Mittelalter spielte sich auf dem Judenplatz das jüdische Leben ab. Davon zeugen die Ausgrabungen der mittelalterlichen Synagoge und die Ausstellung im Museum. Davor steht das **Schoah-Mahnmal** von Rachel Whiteread mit den Namen jener Orte, an denen österreichische Juden während der NS-Zeit umkamen.

Judenplatz | U-Bahn: Stephansplatz

⑮ ALTES RATHAUS F2

Die meisten schenken dem 1316 errichteten und später baro-ckisierten ehemaligen Rathaus nur einen Blick von außen. Dabei gibt es aber im Inneren neben Barock- und Wappensaal gleich mehrere Innenhöfe und historische Schmuckstücke zu entdecken. So ist im mittleren Innenhof eines der Hauptwerke des Barockbildhauers Georg Raphael Donner versteckt: der **Andromedabrunnen** aus dem Jahr 1741 mit einem Bleirelief, das die Sage von Perseus und Andromeda darstellt. Darüber thront der Wappenengel. Über den linken Innenhof geht es dann in das **Bezirksmuseum** der Inneren Stadt, wo allerlei Spannendes über Wien erzählt wird. Über den rechten Innenhof gelangt man direkt in die **Salvatorkirche**.

Wipplingerstr. 8 | U-Bahn: Stephansplatz

⑯ MARIA AM GESTADE F2

Ein gotisches Juwel: Einst stand die Kirche Maria am Gestade am Steilufer über einem Donauarm, heute erhebt sie sich, umrahmt von Wohn- und Geschäftshäusern, über dem Donaukanal. Der helle Chor datiert aus der Mitte, das dunkle – dadurch kontrastierende – Langhaus vom Ende des 14. Jh. Die plastische Gestaltung der Wand weist auf eine Arbeit der Wiener Dombauhütte hin. Der von zarten Facetten durchbrochene Maßwerkkuppelhelm auf dem 56 m hohen Turm aus dem Jahr 1430 gilt als einer der Höhepunkte gotischer Kunst in Österreich.

Salvatorgasse | U-Bahn: Schwedenplatz

MERIAN EMPFEHLUNG

⑰ RUPRECHTSKIRCHE F2

Teile der Römersiedlung Vindobona wurden im 12. Jh. für den Bau dieser romanischen Kirche verwendet. Ihre Grundmauern sind die ältesten Mauern der Stadt, die noch benutzt werden, und im Zentrum der Apsis finden sich die ältesten Glasfenster Wiens. Wer dieses wunderschöne Gotteshaus in einer besonderen Atmosphäre erleben will, sollte ein Konzert besuchen.

Ruprechtsplatz | U-Bahn: Schwedenplatz

18 SYNAGOGE (STADTTEMPEL) F2

Die Synagoge in der heutigen Seitenstettengasse überstand als einzige Synagoge der Stadt die Verwüstungen der Pogromnacht von 1938. Bis dato hatte Wien 94 Synagogen. Das jüdische Gotteshaus stammt aus der Biedermeierzeit und wurde 1825/1826 nach Plänen von Josef Kornhäusel entworfen. 700 Sitzplätze gibt es im Stadttempel. Der prunkvolle Gebetsraum ist oval, mit einem umlaufenden Kranz von zwölf ionischen Säulen.

Seitenstettengasse 2–4 | U-Bahn: Schwedenplatz

IM VORBEIGEHEN ENTDECKT

19 JUGENDSTILJUWEL ANKERUHR F3

Am Hohen Markt heißt es den Blick nach oben richten. Hier befindet sich zwischen zwei Gebäuden ein echtes Jugendstiljuwel – die Ankeruhr, konzipiert von Franz Matsch. Diese ist auf einer 10 m langen Brücke zwischen zwei Häusern (eines davon die ehemalige Anker-Versicherung, daher der Name) angebracht. Zwölf Figurenpaare aus der Geschichte Wiens – von Marc Aurel bis Joseph Haydn – wandern innerhalb von zwölf Stunden am alten Stadtwappen vorbei. Gehen Sie unbedingt um 12 Uhr mittags hin, dann paradieren alle Figuren, und Sie können die Spieluhr in ihrer vollen Pracht bewundern.

Hoher Markt 10–11 | U-Bahn: Schwedenplatz

20 RINGSTRASSE

Mit der Straßenbahn kann man wunderbar an den wichtigsten Sehenswürdigkeiten vorbeigleiten. Einst als prachtvoller Boulevard Mitte des 19. Jh. angelegt, um an Stelle der alten Stadtmauern die Innere Stadt mit den Vorstädten zu verbinden, ist die Ringstraße heute ein Verkehrsknotenpunkt und eine beliebte Flaniermeile. Sie umringt das historische Zentrum und führt Fußgänger wie Radfahrer an bedeutenden Bauwerken vorbei. Wer es lieber bequem hat, fährt mit der **Vienna Ring Tram** eine Runde und erfährt gemütlich im Sitzen über Kopfhörer Wissenswertes über die Ringstraßengebäude.

Schwedenplatz | U-Bahn: Schwedenplatz

Die Ankeruhr im Jugendstil verbindet zwei Gebäude und lässt zu jeder vollen Stunde die Figuren tanzen. Seit jeher ist sie ein beliebter Treffpunkt.

㉑ POSTSPARKASSE G3

Einer der bedeutendsten Bauten Otto Wagners in Wien. Er gestaltete in den Jahren von 1904 bis 1906 und von 1910 bis 1912 die Front mit Marmorplatten und Aluminiumknöpfen und kümmerte sich auch um das Interieur. Besichtigt werden kann das Gebäude derzeit nur von außen. Nach dem Verkauf an eine österreichische Unternehmensgruppe steht das Bauwerk leer. Es wird derzeit nach neuen Nutzungskonzepten gesucht.

Georg-Coch-Pl. 2 | Straßenbahn: Georg-Coch-Platz

㉒ MUSEUM FÜR ANGEWANDTE KUNST (MAK) G3

Das MAK ist das älteste Kunstgewerbemuseum auf dem Kontinent und wurde von 1868 bis 1871 nach Plänen von Heinrich Ferstel am Stubenring errichtet. Unter den Sammlungen ist auch ein eigener Schauraum mit Thonetstühlen von 1830 bis 1930 eingerichtet worden. Die Wiener Werkstätte und der Jugendstil werden umfassend dokumentiert. Dazu gesellen sich ein interessanter Shop, ein Café und ein Restaurant.

Stubenring 5 | U-Bahn/Straßenbahn: Stubentor | www.mak.at | Mi–So 10–18, Di 10–22 Uhr | Eintritt 12 €, Kinder frei (Di 18–22 Uhr 5 €)

75

Im Museum für Angewandte Kunst, kurz MAK, können Besucher unter anderem das berühmte Teeservice der Wiener Werkstätte bestaunen.

MEISTERHAFTES HANDWERK

Schmuck, Möbel, Geschirr: Die Wiener Werkstätte lebt

Eine eckige Teekanne aus Silber, ein Teppich mit geometrischen Musterelementen oder der Ohrensessel aus beigefarbenem Leder: Die Stücke der **Wiener Werkstätte** sind zeitlos elegant. Noch heute sind sie Kunstwerke für den Alltag und Blickfänge im Raum, obwohl manche dieser Stücke bereits Anfang des 20. Jahrhunderts im Herzen Wiens entstanden. 1903 gründeten hier der Architekt **Josef Hoffmann**, der Maler und Grafiker **Koloman Moser** und der Kunstmäzen **Fritz Waerndorfer** eine Produktionsgemeinschaft von bildenden Künstlern, die eng mit der Wiener Secession und der Kunstgewerbeschule zusammenarbeitete. Gefertigt wurden Gebrauchsgegenstände von ausgesuchter Qualität, die sich immer stärker weg vom Jugendstil und hin zum Art déco entwickelten. Das Ziel der Wiener Werkstätte: die Durchdringung des Alltags mit künstlerisch und ästhetisch hochwertigen Erzeugnissen – heute ein Stück Designgeschichte. Auch Schmuck wurde entworfen. Viele Stücke, mit

Achaten, Lapis und Opalen, scheinen gerade erst aus einem Bild von Klimt entsprungen zu sein. Die kreativsten Köpfe der Stadt arbeiteten an den Entwürfen, schnell stellte sich der internationale Erfolg ein. Es folgten Ausstellungen in Zürich, Berlin und New York. Zu Spitzenzeiten beschäftigte die Wiener Werkstätte 100 Mitarbeiter, ungefähr ein Drittel davon wahre Meister ihres Handwerks. Allerdings währte der Siegeszug des Kollektivs nur knappe 30 Jahre. Danach musste die Wiener Werkstätte geschlossen werden, ihr Vermächtnis wird bis heute hochgehalten.

Es war die schottische Arts-and-Crafts-Bewegung, die der Wiener Werkstätte Anfang des 20. Jahrhunderts als Vorbild diente. Mit Erfolg: Die besten Entwürfe werden in ausgewählten Manufakturen bis heute produziert und verkauft.

Eine der umfangreichsten Sammlungen dieser Meisterstücke besitzt das **Museum für Angewandte Kunst**, kurz MAK. Dazu kommt ein umfassendes Archiv mit Tausenden Zeichnungen, Stoffmustern und Entwürfen. Besonders stolz ist das MAK auf Gustav Klimts neunteilige Werkzeichnung zu seinem Mosaikfries. Es entstand um 1910 für das Palais Stoclet in Brüssel, das von Josef Hoffmann entworfen wurde und als eine Art Gesamtkunstwerk zu den großen Œvres der Wiener Werkstätte zählt.

Viele Handwerksbetriebe, die der Wiener Werkstätte einst zuarbeiteten, gaben ihr Wissen von Generation zu Generation weiter. Einige dieser Manufakturen sind noch immer tätig und können besucht werden. Dazu zählt etwa der Glas- und Leuchtenhersteller **Lobmeyr** (→ S. 81) mit seinem Geschäft im 1. Bezirk. Hier werden sogar die kleinsten Trinkgläser oder Vasen mundgeblasen und per Hand geschliffen. Unweit davon stellt die **Wiener Silber Manufaktur** edles Tafelbesteck in ihrer Silberboutique aus, und im **Schloss Augarten** werden nach wie vor Tassen sowie Teller aus feinstem Porzellan hergestellt und kunstvoll bemalt. **Backhausen** webt im Waldviertel Stoffe nach alten Mustern der Wiener Werkstätte, und **Wittmann** tischlert die dazupassenden Möbel. Ihre Showrooms und Läden sind ein Paradies für all jene, die exquisites Interieur lieben und zeitloses Design aus Wien mit nach Hause nehmen möchten.

Essen und Trinken

① *Für Naschkatzen*
GERSTNER K.U.K. HOFZUCKERBÄCKER F3

Bereits seit 1847 steht das Traditionshaus Gerstner für höchste Wiener Zuckerbäckerkunst. Daran erinnern nicht nur die Veilchenblüten des k.u.k. Hoflieferanten, die Kaiserin Sisi so sehr geliebt hat, sondern vor allem die exquisiten Tortenkreationen, Trüffel und Konfekt. Köstlich sind auch die Strudel.

Kärntner Str. 13–15 | U-Bahn: Stephansplatz | Tel. 5 12 49 63 | www.gerstner.at | Mo–Sa 8.30–20, So 10–18 Uhr | €

② *Kaffeeklassiker*
FRAUENHUBER F3

Hier wird seit 1824 Kaffee gebrüht. Dementsprechend original ist das Interieur: Die Plüschbänke, die Holzvertäfelung und sogar der Oberkellner scheinen noch aus alter Zeit zu sein – eine kleine Zeitreise. Es wird zudem ein gutes Mittagsmenü serviert.

Himmelpfortgasse 6 | U-Bahn: Stephansplatz | Tel. 5 12 53 53 | www.cafefrauenhuber.at | Mo–Sa 8–23 Uhr | €

③ *Alt-Wiener Gaumenfreuden*
ZU DEN 3 HACKEN F3

Ein echter Klassiker der Gastroszene und eines der besten Traditionsrestaurants der Stadt. Alt-Wiener Küche wird hier nach allen Regeln der Kunst serviert. Aber Achtung: rechtzeitig reservieren.

Singerstr. 28 | U-Bahn: Stephansplatz | Tel. 5 12 58 95 | www.zudendreihacken.at | Mo–Sa 11–24, Feiertag 11.30–23 Uhr | €€

④ *Schnitzelparadies*
FIGLMÜLLER F3

Die »Heimat des Schnitzels«, wie es so schön heißt: Ob es die besten sind, sei dahingestellt, sicher sind es die berühmtesten Schnitzel Wiens.

Wollzeile 5 | U-Bahn: Stephansplatz | Tel. 5 12 61 77 | tgl. 11–22 Uhr | €€

⑤ *Heuriger in der Stadt*
ZWÖLF APOSTELKELLER F3

Drei Kellergeschosse, bis zu 18 m Tiefe: Teile des Gewölbes in diesem Stadtheurigen sind 900 Jahre alt, die Fassade stammt von Lukas von Hildebrandt. Wer einen richtig urigen Abend verbringen möchte, ist hier richtig.

Abends am Wasser klingt der Tag entspannt aus: Besonders beliebt am Donau-kanal ist das Restaurant mit Bar namens »Motto am Fluss« mit seiner Aussicht.

Sonnenfelsgasse 3 | U-Bahn: Stephansplatz | Tel. 5 12 67 77 | www.zwoelf-apostelkeller.at | tgl. 11–24 Uhr | €

⑥ *Gut für zwischendurch*
CAFÉ ENGLÄNDER F3
Treffpunkt der Wiener zum Plaudern und gut Essen – sehr gute Wiener Küche mit ebensolchem Preis-Leistungs-Verhältnis, erlesene Auswahl österreichischer Weine und gemütliches Ambiente.
Postgasse 2 | U-Bahn: Stubentor | Tel. 9 66 86 65 | www.cafe-eng laender.com | Mo–Sa 8–1, So ab 10 Uhr | €€

⑦ *Kreativen-Treff*
CAFÉ PRÜCKEL F3
Ein traditionelles Ringstra-ßen-Café mit einem Theater im Souterrain. Denkmalge-

schützte Einrichtung im Stil der 1950er-Jahre von Oswald Haerdtl, im hinteren Teil im Jugendstil. Hausgemachte Mehlspeisen und Mittags-tisch, am Abend Pianomusik.
Stubenring 24 | U-Bahn: Stubentor | Tel. 5 12 61 15 | www.prueckel.at | tgl. 8.30–22 Uhr | €€

⑧ *Hotspot am Wasser*
MOTTO AM FLUSS F2
Die Anlegestation des Twin City Liners am Donaukanal ist gleichzeitig auch ein schi-ckes Restaurant und eine Bar. Das Motto-Café mit seiner Terrasse ist ein perfekter Platz zum Frühstücken, mit Süß-speisen aus der Pâtisserie.
Schwedenpl. 2 | U-Bahn: Schwedenplatz | www.motto.at/ mottoamfluss | tgl. 11.30–14.30, 18–2, Bar 18–24 Uhr | €€€

Feinschmecker sollten unbedingt zum Meinl am Graben pilgern. Hier gibt es nicht nur eine große Auswahl an Kaffee, sondern auch viele andere Delikatessen.

Einkaufen

⑨ *Zart schmelzende Versuchungen*
CONFISERIE ALT-MANN & KÜHNE F3
Dieses Schatzkästchen für Naschkatzen stellt seit dem Jahr 1928 handgemachtes Miniaturkonfekt und Bonbons her. Dieses »Liliputkonfekt« wird in reizenden Verpackungen präsentiert, die von der Wiener Werkstätte entworfen wurden. Das Verkaufslokal am Graben wurde 1932 von den österreichischen Architekten Josef Hoffmann und Oswald Haerdtl gestaltet.
Graben 30 | U-Bahn: Stephansplatz | www.altmann-kuehne.at | Mo–Fr 9–18.30, Sa 10–17 Uhr

⑩ *Ein Muss für Feinschmecker*
MEINL AM GRABEN E3
Feinkostgeschäft mit angeschlossenem Gourmetrestaurant mit schönem Blick auf den Graben. Sehr gute Qualität und sehr große Auswahl, auch an Weinen. Für viele Feinschmecker die erste Anlaufstelle in der Inneren Stadt.
Graben 19 | U-Bahn: Stephansplatz | www.meinlamgraben.at | Mo–Fr 8–19.30, Sa 9–18 Uhr

⑪ *Schicker Retro-Style*
LENA HOSCHEK FLAGSHIPSTORE F3
Die Designerin verarbeitet mit historischen Techniken hochwertige Materialien zu zeitloser Mode – zwischen

Hollywood-Glamour, englischer Landmode und nostalgischer Romantik.

Goldschmiedgasse 7 a | U-Bahn: Stephansplatz | www.lenahoschek.com | Mo–Fr 10–19, Sa 10–18 Uhr

⑫ *Funkelnde Geschenke*
A. E. KÖCHERT F3

Schon die glitzernden Edelsteine im Haar der Kaiserin Elisabeth stammten von Köchert. Der ehemalige Hoflieferant produziert nun schon in der sechsten Generation. Das Geschäft ist aber auch wegen seiner modernen Schmucklinien einen Besuch wert.

Neuer Markt 15 | U-Bahn: Karlsplatz/Oper | www.koechert.at | Mo–Fr 10–18, Sa 10–17 Uhr

⑬ *Eine Fundgrube für Fashionistas*
STEFFL F3

Der Steffl ist Wiens modernes Jahrhundertwende-Kaufhaus: Auf ca. 14 000 m² findet man Trachtenmode, Avantgarde, Designer aus London, Paris und Wien, Accessoires und Wiener Kunsthandwerk. In der obersten Etage laden ein Nobelrestaurant und die Sky Bar zum Blick über Wien ein.

Kärntner Str. 19 | U-Bahn: Stephansplatz | www.steffl-vienna.at

⑭ *Traditionsgeschäft*
LOBMEYR F3

Ob edle Kristallgläser, fantasievolle Trinkbecher oder gar die Kronleuchter der Wiener Staatsoper – alles stammt aus der 1832 gegründeten Glasmanufaktur Lobmeyr. Im angeschlossenen kleinen Museum kann man die Geschichte der Glasbläserkunst verfolgen. Die Front des Hauses ist übrigens eines der letzten original erhaltenen Geschäftsportale der Kärntner Straße.

Kärntner Str. 26 | U-Bahn: Stephansplatz | www.lobmeyr.at | Mo–Fr 10–19, Sa 10–18 Uhr

⑮ *Stilvoll einkaufen*
RINGSTRASSEN-GALERIEN F3

Die Gebäude des Kärntnerringhofs und des Palais Corso wurden zu einer Einkaufspassage der gehobenen Klasse verbunden: Insbesondere Haute Couture, Schmuck und Accessoires sind hier zu erwerben. In den Bars und Cafés kann man Pianomusik lauschen, oder man flaniert einfach durch die Gänge.

Kärntner Ring 5–7 | U-Bahn: Oper/Karlsplatz, Straßenbahn: Kärntner Straße | www.ringstrassengalerien.at

RUND UM DIE HOFBURG

Das politische Zentrum der Republik Österreich, einst Mittelpunkt der Donaumonarchie, liegt ebenfalls im 1. Bezirk. Rund um die Hofburg befinden sich das Parlament und Ministerien, aber auch einige der bedeutendsten Museen des Landes. Ein Streifzug durch das imperiale Wien.

Als Ausgangspunkt für eine Entdeckungsreise durch Wien und seine Geschichte sind die **Hofburg** und ihre unmittelbare Umgebung ideal: In den Wohn- und Arbeitsräumen des Kaisers blicken Sie in das Alltagsleben der Habsburger, im **Sisi-Museum** lernen Sie die berühmte Kaiserin näher kennen, in der **Augustinerkirche** können Sie den Wiener Sängerknaben lauschen und in der **Kapuzinergruft** (Kaisergruft) den prunkvollen Hüllen der sterblichen Überreste von Maria Theresia und ihren Nachfahren einen Besuch abstatten.

In den Straßen rund um die Hofburg sind heute das **Bundeskanzleramt**, viele **Ministerien** der Republik und das **Parlament** untergebracht. Wer sich in Details vertiefen möchte, kann beispielsweise die juwelengeschmückte Kaiserkrone des Heiligen Römischen Reiches in der **Schatzkammer**, die Infantin von Velázquez im Kunsthistorischen oder die Venus von Willendorf im Naturhistorischen Museum bewundern. Von den Schätzen der **Albertina** und der **Nationalbibliothek** werden Kunstliebhaber ebenfalls begeistert sein.

Aber auch die Palais entlang der **Ringstraße** können sich sehen lassen. Die Prachtallee führt direkt am Heldenplatz vorbei und verläuft von hier ringförmig um die Innere Stadt. Kaiser Franz Joseph I. ließ sie in den Jahren von 1857 bis 1865 als Ersatz für die ehemalige Stadtmauer und die dahinter liegenden Wiesen (das »Glacis«) anlegen. Entlang der Straße entstanden in den Jahren danach zahlreiche Prunkbauten – Bau-

Vom weitläufigen Michaelerplatz haben Wien-Bummler den besten Blick auf die Hofburg, deren imperialer Schick die ganze Umgebung prägt.

meister wie Gottfried Semper, Heinrich Ferstel und Theophil Hansen schufen antikisierende, neugotische und neubarocke Paläste. Die prachtvollen Fassaden lassen Macht, Reichtum und Einfluss unter der Habsburgerregentschaft erahnen.

Rund um die Hofburg trifft man aber nicht nur auf Politik, Kunst und Kultur. In Richtung Burgtheater lädt etwa das **Café Landtmann** zu einem kleinen Braunen ein, in Richtung Oper lockt die Terrasse des **Palmenhauses**, um die Sonnenstrahlen zu genießen. Durch den geruhsamen **Burggarten** davor pflegten einst Kaiser und Kaiserin zu flanieren. Heute sehen Sie hier mit ein wenig Glück ab und an die Lipizzaner grasen, wenn sie aus der **Spanischen Hofreitschule** hinaus an die »frische« Luft geführt werden – ein erhebender Anblick!

Abends geht's schick angezogen in die **Staatsoper** oder ins **Burgtheater**. Für den kleinen Hunger danach hat der Würstelstand einiges zu bieten – eine echte Wiener Institution. Tauchen Sie also rund um die Hofburg ein in die imperialen Welten der Stadt, zwischen Opernklängen und Kaffeeduft.

Sehenswertes

 MERIAN TOP 10

① HOFBURG E3

In der Hofburg residierten bis 1918 die Habsburger. Seit 1945 ist sie der Amtssitz des Österreichischen Bundespräsidenten, auf dem weitläufigen Gelände sind aber auch Teile der Österreichischen Nationalbibliothek, verschiedene Museen und das Bundesdenkmalamt zu finden. Seit dem 13. Jh. und der Errichtung des ursprünglichen Schweizerhofes wurde immer wieder umgebaut, erweitert und neu gestaltet. Die letzten Pläne – eine Erweiterung der Hofburg durch einen zweiten Flügel auf der rechten Seite des **Heldenplatzes** – wurden durch den Ersten Weltkrieg und den Sturz des Hauses Habsburg vereitelt. Von der einstigen mittelalterlichen »Burg« ist heute nur mehr die **Burgkapelle** zu sehen. In dem später barock umgebauten Kirch-

SEHENSWERTES
① Hofburg ★
② Spanische Hofreitschule ▮
③ Nationalbibliothek ▮
④ Wiener Sängerknaben (Burgkapelle)
⑤ Augustinerkirche
⑥ Burggarten
⑦ Staatsoper ★
⑧ Albertina
⑨ Mahnmal gegen Krieg und Faschismus
⑩ Kapuzinergruft
⑪ Jüdisches Museum
⑫ Michaelerplatz
⑬ Looshaus

⑭ Time Travel Vienna ▮
⑮ Am Hof
⑯ Palais Ferstel
⑰ Stadtpalais Liechtenstein
⑱ Hochhaus Herrengasse ⬤
⑲ Burgtheater ▮
⑳ MUSA Museum
㉑ Rathaus ★
㉒ Parlamentsgebäude
㉓ Volksgarten
㉔ Naturhistorisches Museum
㉕ Kunsthistorisches Museum
㉖ Weltmuseum

ESSEN UND TRINKEN
① Palmenhaus ▮
② Augustinerkeller
③ Reinthaler
④ Bräunerhof
⑤ Café Central
⑥ Zum Schwarzen Kameel

EINKAUFEN
⑦ Imperial Shop Vienna
⑧ Plankl
⑨ R. Horn's Wien
⑩ Rudolf Scheer & Söhne
⑪ Dorotheum
⑫ Freywille

© MERIAN-Kartographie

lein finden an Sonn- und Feiertagen (außer im Sommer) Messen unter Beteiligung der Wiener Sängerknaben statt.

In der Renaissance entstand die **Stallburg** mit ihrem Arkadenhof, das schönste Bauwerk dieser Epoche in Wien. Hier haben die Lipizzaner ihre Stallungen. Die **Amalienburg** (erbaut 1575–1588) wurde im 17. Jh. durch den frühbarocken Leopoldinischen Trakt mit dem Schweizerhof verbunden. Auf der anderen Seite entstanden im frühen 18. Jh. der Reichskanzleitrakt und die Hofbibliothek. Zum Michaelerplatz hin wurde die Winterreitschule angebaut, das Ensemble des **Michaelerplatzes** konnte aber erst 150 Jahre später mit dem Riesenportal und der Michaelerkuppel fertiggestellt werden. Den Abschluss des heute sichtbaren Gebäudetrakts bildete ab 1900 die **Neue Hofburg**. Hier befindet sich der Eingang zur Verleihstelle der Nationalbibliothek, hier sind das Ephesos-Museum und die Musik- und Waffenkammer zu finden sowie das bedeutende Weltmuseum.

Sehr sehenswert sind die **Kaiserappartements**, die 19 Arbeits- und Wohnräume von Kaiser Franz Joseph und seiner Gemahlin Elisabeth. Sie sind noch größtenteils mit Originalmobiliar ausgestattet. Die Keramiköfen wurden, um die Räume nicht zu verschmutzen, durch einen separaten Heizgang befeuert, die Kristalllüster waren mit Kerzen bestückt. Erst 1891 wurde die Hofburg elektrifiziert. Sie war jedoch nicht ganzjährig bewohnt, sondern diente der kaiserlichen Familie als Winterresidenz – den Sommer verbrachten die Habsburger in Schönbrunn.

Im **Sisi-Museum** kann man originale Exponate aus dem Leben der berühmten und beliebten Kaiserin bewundern. Die **Silberkammer** schließlich zeigt den Luxus der einstigen Tafelkultur anhand von Tischgeschirr, kostbarem Porzellan und der kaiserlichen Tafel- und Küchenwäsche. In der **Geistlichen und Weltlichen Schatzkammer** in der Hofburg sind die Reichsinsignien der Habsburger zu finden: vom Burgunderschatz über die Krone des Heiligen Römischen Reiches aus dem 10. Jh. bis

Achtung bei den Spaziergängen in der Altstadt – manchmal müssen sich Fußgänger die schmalen Passagen mit dem Fiaker teilen.

DIE HOFREITSCHULE UND IHRE LIPIZZANER
Reiten und feiern auf die gute alte spanische Art

Eleganz und Harmonie prägen das Zusammenspiel von Reiter und Pferd in der **Spanischen Hofreitschule Wien**. Seit mehr als 450 Jahren wird in der ältesten Reitschule der Welt, mitten in der Stadt, die Hohe Schule der klassischen Renaissance-Reitkunst gelehrt. Das ist einzigartig und zählt inzwischen zum UNESCO-Kulturerbe. Ihren Namen hat die Spanische Hofreitschule **Ferdinand I.**, Kaiser des Heiligen Römischen Reiches, zu verdanken. Er brachte die prachtvollen Pferde aus seinem Geburtsland Spanien an den Hof nach Wien. Die heutigen weißen **Lipizzaner** sind Nachkommen einer Kreuzung zwischen spanischen, arabischen und Berber-Pferden. Mehr als 70 davon sind in der Stallburg, einem Renaissancegebäude von 1565, direkt bei der Hofburg untergebracht. Von dort werden sie mehrmals am Tag über den Hof in die Reitschule geführt. Die barocke **Winterreitschule** wird seit Kaiserin Maria Theresia auch für Aufführungen, Bälle, Reiterspiele oder Maskenfeste genutzt, der Sommerball »**Fête Impériale**« etwa verzückt noch heute die noble Gesellschaft.

In der heißen Jahreszeit verbringen die Pferde ihre Sommerfrische im Weinviertel. Während die »pensionierten« Hengste dort die Zeit auf der Weide genießen, trainieren die Junghengste. Im Alter von vier Jahren kommen diese vom Lipizzanergestüt **Piber** ins Trainingszentrum Heldenberg und von dort nach Wien. Auch die Menschen müssen eine lange Ausbildung absolvieren, um einen Lipizzaner zu reiten. Von der Lehre bis zum Bereiter oder Oberreiter dauert es bis zu zwölf Jahren. Die Pferde hingegen dürfen bereits nach sechs Jahren in der Schulquadrille eingesetzt werden. Die berühmten Sprünge jedoch, die einst zur Feindesabwehr eingesetzt wurden – wie Levade, Courbette oder Kapriole – können nur wenige der talentierten Hengste. Wer sie einmal beim Springen sehen möchte, sollte rechtzeitig Tickets reservieren.

Mit ein bisschen Glück sind die stolzen Lipizzanerhengste der Spanischen Hofreitschule in den Stallungen auch ohne Führung zu sehen.

zur Österreichischen Kaiserkrone, der ehemaligen Krone von Rudolf II. – Exponate von unermesslichem Wert.
Zugang über Heldenplatz und Michaelerplatz | U-Bahn: Herrengasse | www.hofburg-wien.at
Kaiserappartements/Sisi-Museum, Silberkammer: Sept.–Juni 9–17.30, Juli, Aug. 9–18 Uhr | Eintritt 15 €, Kinder 9 €, mit Führung 18 €, Kinder 10,50 €, Sisi-Ticket 34 €, Kinder 21 €
Kaiserliche Schatzkammer: www.kaiserliche-schatzkammer.at | Mi–Mo 9–17.30 Uhr | Eintritt 12 €, Kinder frei

MERIAN EMPFEHLUNG

4

② SPANISCHE HOFREITSCHULE E3
Wenn Reiter in Livree und weißen Hirschlederhosen auf weißen Pferden ihre Runden drehen, dann weiß man, wo man ist: in der Spanischen Hofreitschule. Sie besteht seit 1572 und ist das älteste Reitinstitut der Welt. Die Pferde werden in der Weststeiermark gezüchtet, die besten von ihnen kommen nach einer umfangreichen Ausbildung nach Wien und führen ein Leben als vierbeinige Stars. Die Stallungen sind im Renaissancebau der Stallburg untergebracht. Im Reitsaal der benachbarten Winterreitschule, für viele der schönste der Welt, finden

Der Prunksaal der Nationalbibliothek, erbaut ab 1721, gehört zu den schönsten der Welt. Hunderttausende alte Bücher stehen hier in den Regalen.

die öffentlichen Vorführungen statt. Sie können den Schimmeln und ihren Rittmeistern auch bei der Morgenarbeit zusehen oder das Lipizzanermuseum besuchen.

Michaelerpl. 1 | U-Bahn: Stephansplatz | www.srs.at | März–Dez. Mo–So 9–16 Uhr | Voranmeldung empfohlen, Vorführungen ab 27 €, Abendvorführung: Fr 9–19, Jan., Feb. Di–So 9–16 Uhr | Morgenarbeit ohne Voranmeldung tgl. 10 und 12 Uhr | Eintritt ab 15 €, Kinder ab 7,50 €

5 MERIAN EMPFEHLUNG

3 **NATIONALBIBLIOTHEK** E3

Einst war die Nationalbibliothek die ehemalige Hofbibliothek. Der barocke Prunksaal birgt eine der bedeutendsten historischen Bibliotheken der Welt – und natürlich eine der schönsten. Entworfen wurde er von Johann Bernhard Fischer von Erlach und seinem Sohn Joseph Emanuel, erbaut ab 1721. Die Deckenfresken stammen vom Hofmaler Daniel Gran. Zu sehen sind 200 000 Bücher aus der Zeit zwischen 1501 und 1850. Herzstück ist der 15 000 Bände umfassende Bücherbestand des Prinzen Eugen von Savoyen. Zu den Sammlungen der Natio-

90

nalbibliothek gehören auch das **Papyrusmuseum** und das **Globenmuseum**. Der Plansprache Esperanto ist ebenfalls ein kleines interaktives Museum in der Herrengasse 9 gewidmet, das der Nationalbibliothek angeschlossen ist. Außen sind auf dem kuppelartigen Dach Figuren von Lorenzo Mattielli (1726) zu sehen, darunter Pallas Athene. Die Atlanten, die große goldene Globen schultern, kamen erst im 19. Jh. hinzu.

Josefspl. 1 | U-Bahn: Herrengasse | www.onb.ac.at | Di, Mi, Fr–So 10–18, Do 10–21 Uhr | Eintritt Prunksaal 8 €, Kombiticket für Globen-, Papyrus- und Esperantomuseum 5 €

❹ WIENER SÄNGERKNABEN E3

Den Grundstein zur Geschichte der Wiener Sängerknaben legte Kaiser Maximilian I., als er im Jahr 1498 unter den Musikern seiner Hofmusik auch sechs Knabenstimmen haben wollte. Daraus entstanden die **Hofsängerknaben**, die bis 1918 nur im Auftrag des Hofes sangen. Mit den Sängerknaben musizierten u. a. Christoph Willibald Gluck, Wolfgang Amadeus Mozart und Anton Bruckner; Franz Schubert war selbst Chormitglied. Mit dem Ende der Habsburgermonarchie 1918 wurde der Chor ein privater Verein: Aus den Hofsängerknaben entstanden die Wiener Sängerknaben, statt einer Kadettenuniform erhielten sie einen Matrosenanzug und wurden innerhalb weniger Jahre auf der ganzen Welt bekannt.

Heute sind rund 100 Wiener Sängerknaben zwischen zehn und 14 Jahren auf vier Konzertchöre aufgeteilt, die jährlich rund 300 Auftritte absolvieren. Der Chor tritt regelmäßig an verschiedenen Orten in Wien auf. Von Mitte September bis Ende Juni findet jeden Sonntag um 9.15 Uhr eine Messe in der **Burgkapelle** im Schweizerhof der Hofburg statt. Die Messe wird von der Hofmusikkapelle untermalt – bestehend aus Mitgliedern der Sängerknaben und Teilen des Chors und Orchesters der Wiener Staatsoper (Restkarten für den folgenden Sonntag gibt es jeden Freitag von 15–17 Uhr an der Tageskasse der Burgkapelle). Im September und Oktober sind die Sängerknaben jeden Freitag um 17 Uhr im Musiktheater MuTh zu hören.

www.wsk.at

An die kaiserlichen Zeiten erinnert im Burggarten die Statue von Franz Joseph I.

5 AUGUSTINERKIRCHE E3

Seit dem 17. Jh. dient sie als Familienkirche der Habsburger. Der vormals gotische Bau wurde damals barockisiert und 1784/1785 wieder regotisiert. In der Kirche befindet sich die **Herzgruft** der Habsburger mit den Herzen von 54 Mitgliedern des Geschlechts. Ihre Körper ruhen in der Kapuzinergruft, die Eingeweide im Stephansdom. So ist es seit Generationen üblich. Führungen finden nach der Sonntagsmesse statt, eine Spende ist angebracht. Werktags Führungen nach telefonischer Anmeldung.
Augustinerstr. 3 | U-Bahn: Karlsplatz

6 BURGGARTEN E3/4

Der ehemalige Kaisergarten, auf den von Napoleon geschleiften ehemaligen Wehranlagen der »Burg« entstanden, wurde erst 1919 der Öffentlichkeit zugänglich gemacht. Davor nutzte das Kaiserpaar den Park für Spaziergänge. Der Burggarten, der im englischen Stil angelegt wurde, beherbergt auch das **Palmenhaus**, eines der schönsten Jugendstilglashäuser, nach Plänen von Friedrich Ohmann. Heute befindet sich darin ein schönes Café mit großer Sonnenterrasse und Gartenblick. Im frisch renovierten **Schmetterlinghaus** flattern die farbenprächtigen Tiere wieder um die Nasen der Besucher.

Burgring | U-Bahn: Karlsplatz, Straßenbahn: Burgring
– Burggarten: April–Okt. tgl. 6–22, Nov.–März tgl. 7–17.30 Uhr
– Schmetterlinghaus: www.schmetterlinghaus.at | April–Okt. Mo–Fr
10–16.45, Sa, So, Feiertag 10–18.15, Nov.–März tgl. 10–15.45 Uhr |
Eintritt 7 €, Kinder ab 3 Jahre 4 €

MERIAN TOP 10

❼ STAATSOPER E4

Die Staatsoper wurde von Eduard van der Nüll und August von
Sicardsburg zwischen 1861 und 1869 im Stil der italienischen
Renaissance errichtet und gilt als das imposanteste Gebäude an
der Ringstraße. Das Gebäude kann nach telefonischer Anmeldung besichtigt werden. Den besten Eindruck von der Wir-
kung der Räumlichkeiten erhalten Sie allerdings abends bei
einer der Aufführungen, es werden auch Stehplätze vergeben.

Wenige Schritte von der Staatsoper entfernt kann man im
Staatsopernmuseum die Geschichte des Hauses bis zur Pre-
miere von Mozarts »Don Giovanni« 1869 anhand von historischen Kostümen und Bühnenbildentwürfen zurückverfolgen.
Opernring 2 | U-Bahn: Karlsplatz/Oper | www.wiener-staatsoper.at
– Führungen Staatsoper: Termine siehe Homepage | Eintritt 9 €, Kinder 4 €
– Staatsopernmuseum: Bestand im Theatermuseum | Lobkowitzpl. 2 |
U-Bahn: Stephansplatz | www.theatermuseum.at | Mi–Mo 10–18 Uhr |
Eintritt 12 €, Kinder/Jugendliche frei

❽ ALBERTINA E3

Nach umfassender Renovierung wurde aus dem klassizistischen
Palais nahe der Hofburg eine der bedeutendsten Ausstellungs-
stätten der Stadt. Heute finden in der Albertina wechselnde
Großpräsentationen von Rubens, Chagall oder Rembrandt
ebenso Platz wie kleine feine Schauen zeitgenössischer Kunst.
Die hauseigene Sammlung umfasst zahlreiche Meisterwerke
der Moderne – u. a. Monet, Picasso und Kandinsky. Hinzu
kommen die umfangreichste Kollektion grafischer Werke weltweit, eine namhafte Skulpturen- und eine Fotosammlung. Sehenswert sind aber auch die habsburgischen **Prunkräume** mit

21 Gemächern und zum Großteil Originalgemälden und -möbeln. Ab März 2020 bespielt die Albertina auch einen zweiten Standort im Künstlerhaus am Karlsplatz. Gezeigt wird hier die Sammlung zeitgenössischer Kunst mit wechselnden Themenausstellungen. Das neue Museum »Albertina modern« wird täglich von 10–18 Uhr geöffnet sein. Die Sammlung der zeitgenössischen Kunst der Albertina umfasst mehr als 50 000 Werke.

Albertinapl. 1 | U-Bahn: Karlsplatz/Oper | www.albertina.at | Sa–Di, Do 10–18, Mi, Fr 10–21 Uhr | Eintritt 17,90 €, Kinder frei

❾ MAHNMAL GEGEN KRIEG UND FASCHISMUS E3

Der 2009 verstorbene österreichische Künstler Alfred Hrdlicka schuf von 1988 bis 1991 diese mehrteilige Plastik aus Stein, Bronze und Marmor. Sie gedenkt der Opfer des Zweiten Weltkriegs und der nationalsozialistischen Herrschaft in Österreich. Die Skulpturen rund um den »straßenwaschenden Juden« stießen bei den Wienern anfangs auf recht wenig Gegenliebe.

Helmut-Zilk-Platz | U-Bahn: Karlsplatz

❿ KAPUZINERGRUFT E/F3

Geschichte zum Gruseln: In dieser auch Kaisergruft genannten Grabstätte wurden zahlreiche Habsburger beigesetzt – von Maria Theresia in ihrem üppig verzierten Sarkophag bis zu Kaiserin Zita, Österreichs letzter Herrscherin, die 1989 im Alter von 97 Jahren verstarb und deren Sarg stets frische Blumen zieren. Auch Kaiserin Elisabeth, besser bekannt als Sisi, fand hier ihre letzte Ruhe. Zwölf Kaiser, 16 Kaiserinnen und um die 100 Erzherzöge wurden hier beigesetzt. Besonders imposant ist der Doppelsarkophag von Maria Theresia und ihrem Gemahl Kaiser Franz I., schlicht hingegen der glatte Metallsarg ihres Sohns Joseph II. Die Kapuzinergruft liegt unter der **Kapuzinerkirche**, die 1633 als »Kirche zur hl. Maria von den Engeln« geweiht wurde; seit dieser Zeit werden die Habsburger hier beigesetzt.

Neuer Markt/Tegetthoffstraße | U-Bahn: Stephansplatz | www.kaiser gruft.at | tgl. 10–18 Uhr | Eintritt 7,50 €, Kinder 4,50 €, mit Führung 10,50 €, Kinder 7,50 €

Immer wieder im neuen Design präsentiert sich die Treppe hinauf zur Albertina. In den Prunkräumen des Palais werden große Meister der Kunst gezeigt.

11 JÜDISCHES MUSEUM E3

Das Museum befindet sich in einem Gebäude, dessen Vergangenheit ins Mittelalter zurückreicht. Es widmet sich der langen Geschichte der Juden in Wien und dem Holocaust: Von einstmals 183 000 jüdischen Mitbürgern wurden 60 000 ermordet.

Dorotheergasse 11 | U-Bahn: Stephansplatz | www.jmw.at | So–Do 10–18, Fr 10–17 Uhr | Eintritt 12 €, Kinder frei

12 MICHAELERPLATZ E3

Vor dem ornamentlosen **Looshaus** sieht man Reste einer zivilen römischen Siedlung außerhalb des militärischen Römerlagers **Vindobona**. Die ehemalige Hofpfarr- und Barnabitenkirche **St. Michael** auf der anderen Seite stammt in ihrem Kern aus der ersten Hälfte des 13. Jh. Sehenswert ist der barocke Portalvorbau mit dem »Engelssturz« in der ansonsten klassizistischen Fassade. Ein Besuch der schaurigen Gruft ist nur im Rahmen einer Führung möglich und nichts für zarte Gemüter.

Michaelerplatz | U-Bahn: Herrengasse | www.michaelerkirche.at | tgl. 7–22, So, Feiertag 8–22 Uhr | Gruft: Mo–Sa 11 und 13 Uhr (außer an kirchlichen Feiertagen) | Eintritt 7 €, Kinder 3 €, Kirchen-, Orgel- und Klosterführungen nach Vereinbarung

13 LOOSHAUS E3

Als Gegenstück zum üppigen Michaelertor gilt dieser in den Jahren 1909–1912 vom österreichischen Architekten Adolf Loos (1870–1933) errichtete Wohn- und Geschäftsbau. Die Erscheinung des betont schmucklosen, von Kaiser Franz Joseph als »Haus ohne Augenbrauen« bezeichneten Gebäudes wurde damals mit Kanalgittern verglichen. Heute ist es ein zentrales Beispiel zweckbestimmter Architektur der Wiener Moderne.
Michaelerpl. 3 | U-Bahn: Herrengasse

6 MERIAN EMPFEHLUNG

14 TIME TRAVEL VIENNA E3

Von den Römern bis zum Kaiser: Wiens Geschichte in einer Stunde – das gelingt mit dieser Zeitreiseshow in den Kellergewölben des Salvatorianerklosters. Unterhaltsam, kurzweilig und multimedial werden hier die wichtigsten historischen Ereignisse und Persönlichkeiten präsentiert. Für Wien-Neulinge ein perfekter Einstieg für das Sightseeing, für Kenner noch immer mit ein paar Überraschungen, zudem gibt's ein 5-D-Kino.
Habsburgergasse 10 A | U-Bahn: Herrengasse | Tel. 5 32 15 14 | www.timetravel-vienna.at | tgl. 9.30–19 Uhr | Eintritt 19,50 €, Kinder 15,50 €

15 AM HOF E2/3

Lassen Sie sich nicht vom Namen verwirren: Am Hof liegt nicht bei der Hofburg. Vielmehr handelt es sich um einen historisch bedeutenden Platz nordöstlich der Hofburg. Hier residierten ab dem 12. Jh. die Babenberger. Diese erste Pfalz der Herren von Österreich war damals noch ein loser Häuserkomplex mit dem Wohnhaus des Herzogs. Heute bietet der Platz ein barockes Bild: Das **Zeughaus** von 1732 schmücken eine Dreieckgiebelfassade und eine Attika mit Skulpturen, die eine vergoldete Weltkugel tragen. Die **Kirche Am Hof** ist eine ehemalige Jesuitenkirche, ein ursprünglich gotisches Gotteshaus, das 1610 im Stil des Jesuitenbarock umgestaltet wurde.
Herrengasse | U-Bahn: Herrengasse

Italienische Eleganz strahlt das Palais Ferstel aus. Am besten lässt sich diese beim Bummel durch die Passage und einem Kaffee im Kaffeehaus erleben.

16 PALAIS FERSTEL E2/3

Das Palais wurde von Heinrich von Ferstel 1856–1860 im Stil der italienischen Renaissance erbaut. Bis 1877 logierte dort die Börse. Florentinische und venezianische Einflüsse bestimmen die erste, in den 1980er-Jahren komplett renovierte Geschäfts- und Büropassage Wiens – ein Labyrinth dämmeriger Durchgänge, überdachter Höfe und geschwungener Treppenaufgänge. Kleine, schicke Geschäfte locken heute die Kauflustigen, und das wiedereröffnete Café Central (S. 103), vor dem Ersten Weltkrieg Treffpunkt der Künstler, bittet seine Gäste zu Speis und Trank.
Strauchgasse 4 | U-Bahn: Herrengasse

17 STADTPALAIS LIECHTENSTEIN E3

Die **Sammlung der Fürsten Liechtenstein** ist nur im Rahmen von Führungen zu sehen: Rubens, van Dyck, Cranach oder Raffael können Sie an ausgewählten Freitagen im barocken Gartenpalais und im mondänen Stadtpalais bewundern. Ohne Führung zugänglich ist der herrliche Garten vor dem Gartenpalais.
Stadtpalais: Bankgasse 9 | U-Bahn: Stephansplatz | Gartenpalais: Fürstengasse 1 | U-Bahn: Rossauer Lände | www.palaisliechtenstein.com | Führungen (nur freitags) Tel. 31 95 76 71 58 | Kombiticket 42 €

Das Burgtheater ist eine hochkarätige Schauspielbühne und war der erste elektrisch beleuchtete Monumentalbau an der Ringstraße.

◉ IM VORBEIGEHEN ENTDECKT

⑱ HOCHHAUS HERRENGASSE E3

Vielen fällt gar nicht auf, dass sich in der Herrengasse mitten in der barocken Häuserlandschaft ein Hochhaus befindet. Dabei handelt es sich um das allererste in der Stadt, errichtet 1932. Der 53 m hohe Bau beherbergt über 220 Wohnungen und zwei Innenhöfe. Für die damalige Zeit eine absolute Neuheit waren die Ledigenwohnungen, also Appartements für Singles. Kultstatus hat inzwischen der ovale Glaspavillon im Erdgeschoss mit seiner Wein- und Espressobar erreicht.

Herrengasse 6–8 | U-Bahn: Herrengasse

⚑ MERIAN EMPFEHLUNG

⑲ BURGTHEATER E3

Das frühere Hof- und Nationaltheater, gegründet 1776, zog 1888 in das Haus am Ring um. Gottfried Semper und Karl Hasenauer konzipierten diese Kultstätte der deutschsprachigen Schauspielkunst im Stil der italienischen Hochrenaissance. Höhepunkte der Besichtigung sind der neubarocke Zuschauerraum, der 1340 Menschen Platz bietet, und die riesige 31 × 25 m

messende Bühne. Abends wird hier Sprechtheater auf höchstem Niveau geboten, ist doch das Burgtheater inzwischen eine der bedeutendsten Bühnen des deutschsprachigen Raums.
Universitätsring | Straßenbahn: Burgtheater | www.burgtheater.at | Führungen tgl. 15 Uhr | Eintritt 8 €, Kinder 4 €

⓴ MUSA MUSEUM STARTGALERIE ARTOTHEK D2

Das MUSA beherbergt die Kunstsammlung der Stadt Wien: Rund 30 000 Objekte von ca. 4500 Meistern bilden einen Querschnitt aller österreichischen Kunstsparten seit 1945. Ein Teil davon wird in Wechselausstellungen gezeigt. Eine »Startgalerie« ermöglicht jungen Künstlern, sich vorzustellen. In der Artothek können sich alle in Wien lebenden Personen gegen eine geringe Gebühr Bilder ausleihen und zu Hause an die Wand hängen.
Felderstr. 6–8 | U-Bahn: Stephansplatz | www.wienmuseum.at | Di–So, Feiertag 10–18 Uhr

MERIAN TOP 10

㉑ RATHAUS D2/3

Der Kölner Dombaumeister Friedrich Schmidt errichtete 1872 bis 1883 an der Ringstraße das neugotische Rathaus. Auf dem Turm thront der eiserne Rathausmann, der mit seiner Standarte 6 m misst. Der höchste der fünf Türme durfte auf Wunsch Kaiser Franz Josephs I. nicht die nahe gelegene 99 m hohe Votivkirche überragen. Der gewiefte Architekt setzte auf den fast 98 m hohen Turm allerdings noch die Figur des Ritters. Der Wiener Bürgermeister, dessen Amtsräume sich im sogenannten Neuen Rathaus befinden, übt seit 1922 zusätzlich die Funktion des Landeshauptmanns des Bundeslandes Wien aus. Im Rathaus tagen daher auch Landesregierung (Stadtsenat) und Landtag (Gemeinderat). Auf dem Platz vor dem Rathaus finden fast das gesamte Jahr über vielfältigste Veranstaltungen statt: Konzerte, Freiluftkino, Eislaufen, Christkindlmarkt …
Rathausplatz | U-Bahn, Straßenbahn: Rathaus | www.wien.gv.at | Führungen Mo, Mi, Fr 13 Uhr (außer an Sitzungstagen) | Eintritt frei

22 PARLAMENTSGEBÄUDE D3

Das Parlamentsgebäude wird umgangssprachlich auch als »das Parlament« bezeichnet. In diesem eindrucksvollen Prunkbau der Ringstraße tagen die beiden Kammern des österreichischen Parlaments. Der von der griechischen Antike faszinierte Architekt Theophil von Hansen schuf das ehemalige Reichsratsgebäude von 1874 bis 1883 im neoklassischen Stil. Es war das erste größere Bauwerk Wiens, das in der 1871/1872 eingeführten neuen Maßeinheit Meter geplant und ausgeführt wurde. Seit 2017 wird das Parlament saniert.

Dr.-Karl-Renner-Ring 3 (Zugang unter der Parlamentsrampe) | U-Bahn: Volkstheater, Straßenbahn: Parlament | www.parlament.gv.at | aufgrund von Sanierungen finden im Hohen Haus derzeit keine Führungen statt

23 VOLKSGARTEN E3

Der für die Wiener Bürger freigegebene Teil der von Napoleon zerstörten Burgbastei (der andere Teil war der kaiserliche Burggarten) mit Denkmälern von Kaiserin Elisabeth und dem Schriftsteller Franz Grillparzer ist die zweitälteste Parkanlage der Stadt. Sie wurde 1823 gestaltet. Der **Theseustempel** in seiner Mitte ist dem athenischen Theseion nachempfunden. Heute ist der Volksgarten ein beliebtes Naherholungsgebiet mitten in der Stadt zum Spazierengehen und Die-Natur-genießen.

Dr.-Karl-Renner-Ring | U-Bahn: Volkstheater

24 NATURHISTORISCHES MUSEUM D/E3

Das Schwesterinstitut des Kunsthistorischen Museums gilt als eines der bedeutendsten Ausstellungshäuser der Welt. Die frühesten Sammlungen des Naturhistorischen Museums wurden bereits vor 250 Jahren angelegt, inzwischen ist der Bestand auf 20 Mio. Objekte angewachsen, die allesamt wissenschaftlich betreut werden. Zu den Besonderheiten des Museums gehören die Venus von Willendorf, die 25 000 Jahre alte Statue einer

Humboldt, Linné oder Newton – einige Pfeiler des Treppenhauses des Naturhistorischen Museums zieren lebensgroße Marmorstandbilder.

Fruchtbarkeitsgöttin, oder die Fanny vom Galgenberg bei Stratzing, ein 32 000 Jahre altes Kunstwerk. Hinzu kommen einzigartige Exponate wie die Stellersche Seekuh (seit 200 Jahren ausgestorben), zahlreiche Originalskelette von Sauriern, Stopfpräparate ausgestorbener Tierarten und eine umfangreiche Mineraliensammlung. Herumstreunen lohnt sich!

Burgring 7 | U-Bahn: Volkstheater | www.nhm-wien.ac.at | Do–Mo 9–18.30, Mi 9–21 Uhr | Eintritt 10 €, Kinder frei

㉕ KUNSTHISTORISCHES MUSEUM E4

Die Geschichte der Kunst aus österreichischer Sicht: Entstanden durch die Zusammenführung großer Sammlungen der Habsburger, ist »das Kunsthistorische« eines der ganz großen Museen der Welt – nicht nur wegen der Gemäldegalerie mit der wichtigsten Brueghel-Sammlung weltweit, sondern auch wegen der Ägyptisch-Orientalischen Sammlung, der Antikensammlung und der Sammlung für Plastik und Kunstgewerbe. Auch ein Blick in das Treppenhaus lohnt sich, hier haben sich Gustav Klimt und sein Bruder Ernst in herrlichen Fresken verewigt. Ein besonders edler Rahmen für eine Entspannungspause ist das Café in der wunderschönen Kuppelhalle.

Maria-Theresien-Platz | U-Bahn: Volkstheater | www.khm.at | Di–So 10–18, Do 10–21 Uhr | Eintritt 16 €

㉖ WELTMUSEUM G3

Das neue Weltmuseum, ehemals das Museum für Völkerkunde, beherbergt eine bedeutende ethnologische Sammlung, zusammengetragen in einem Reich, von dem man sagte, dass in ihm die Sonne nicht unterging. Allein Erzherzog Franz-Ferdinand brachte von seiner Weltreise 1892/93 14 000 Objekte ins Museum mit. Im Fundus befinden sich sage und schreibe 75 000 historische Fotografien. Zu sehen sind auch die Exponate, die James Cook von seinen Reisen zurückbrachte. Gut gemachte Sonderausstellungen beschäftigen sich mit der Gegenwartskultur des Menschen und sind auch für Kinder interessant.

Neue Burg | U-Bahn: Museumsquartier | www.weltmuseumwien.at | Do–Di 10–18 Uhr | Eintritt 12 €, Kinder frei

Essen und Trinken

8 MERIAN EMPFEHLUNG

① *Speisen unter dem Blätterdach*
PALMENHAUS E3
Café, Brasserie und Restaurant mit Jugendstilornamenten punkten mit einer bestechend guten Lage. Man blickt auf den Burggarten, Hofburg und Albertina liegen ums Eck. Im Sommer ist die Terrasse ein beliebter Treffpunkt.
Burggarten | U-Bahn: Museumsquartier | Tel. 5 33 10 33 | www.palmenhaus.at | Mo–Fr 10–24, Sa 9–24, So, Feiertag 9–23 Uhr | €€

② *Urig im Gewölbe*
AUGUSTINERKELLER E3
Umringt von Albertina, Hotel Sacher und Wiener Staatsoper liegt dieser »Keller« auf Straßenniveau. Das Lokal ist einer der letzten Klosterkeller der Altstadt mit eindrucksvollem Gewölbe. Zur traditionellen Wiener Küche (von Haussulz bis Fiakergulasch) gibt's eine gute Auswahl österreichischer Weine, Fassbier und zünftige Heurigenmusik.
Augustinerstr. 1 | U-Bahn: Stephansplatz | Tel. 5 33 10 26 | www.bitzinger.at | tgl. 11–24 Uhr | €

③ *Anlaufstelle zu Mittag*
REINTHALER E3
Wenn zu Mittag den Einheimischen der Magen knurrt, geht es zum alteingesessenen Gasthaus Reinthaler ins Souterrain. Dort wird klassisch wienerisch gekocht, und das zu moderaten Preisen.
Gluckgasse 5 | U-Bahn: Stephansplatz | Tel. 5 12 33 66 | https://gasthaus-reinthaler.stadtausstellung.at | Mo–Fr 9–23 Uhr | €€

④ *Kaffeehauskultur*
BRÄUNERHOF E3
Hier verkehrten Hugo von Hofmannsthal, Alfred Polgar, Paul Wittgenstein und vor allem Thomas Bernhard. Ober der alten Schule, guter Kaffee und exzellente Mehlspeisen machen den Bräunerhof zu einem der traditionellsten Kaffeehäuser der Innenstadt.
Stallburggasse 2 | U-Bahn: Stephansplatz | Tel. 5 12 38 93 | Mo–Fr 8–20, Sa 8–18, So, Feiertag 10–18 Uhr | €

⑤ *Gold und Prunk*
CAFÉ CENTRAL E3
Böse Zungen behaupten, dies sei die Disney-Version eines Kaffeehauses. Doch hier befand sich immerhin der Treffpunkt der Wiener Literaten

des Fin de Siècle. Wer keine echte Patina braucht, dem wird die Innenarchitektur gefallen.
Herrengasse/Strauchgasse (im Palais Ferstel) | U-Bahn: Herrengasse | Tel. 5 33 37 63 | www.cafe central.wien | Mo–Sa 7.30–22, So 10–22 Uhr | €€

⑥ *Jugendstilambiente*
ZUM SCHWARZEN KAMEEL E3
Das Lokal ist zu einer Wiener Tradition geworden. Nicht nur Wiener Tafelspitz, auch die belegten Brötchen sind hier einen Versuch wert. Die Holztäfelungen, die Vitrinen und vor allem das Mobiliar sind bereits über 100 Jahre alt. Für einen Platz im Restaurant unbedingt reservieren!
Bognergasse 5 | U-Bahn: Stephansplatz | Tel. 5 33 81 25 | www.ka meel.at | Bar tgl. 8–24, Küche tgl. 12–23 Uhr | €€€

Einkaufen

⑦ *Für Souvenirjäger*
IMPERIAL SHOP VIENNA E3
Souvenirs aus Wien? Ja, aber bitte mit Stil! Zu finden sind diese direkt in der Hofburg. Hier präsentieren sich nur heimische Traditionsunter-

nehmen mit ihren Produkten – angefangen von Augarten Porzellan über die Schneekugelmanufaktur bis hin zu den Manner-Schnitten.
Heldenplatz/Hofburg | U-Bahn: Stephansplatz | www.imperial shop.at | tgl. 9–18 Uhr

⑧ *Tracht aus Österreich*
PLANKL E3
Wer Wind und Wetter trotzen will, der setzt auf echtes Naturmaterial aus den Alpen und schlüpft in einen Lodenjanker. Fündig wird man dabei sicher in Wiens ältestem Geschäft für Trachten- und Lodenbekleidung.
Michaelerpl. 6 | U-Bahn: Herrengasse | www.loden-plankl.at | Mo–Sa 10–18 Uhr

⑨ *Feines aus Leder*
R. HORN'S WIEN E3
Edle Lederwaren in stimmigem Design und traditioneller Handarbeit: Reise-, Hand- und Aktentaschen, Agendas, Brieftaschen und Accessoires. Die Entwürfe folgen oft der Ästhetik der Wiener Werkstätte und eignen sich auch hervorragend als Geschenk.
Bräunerstr. 7 | U-Bahn: Stephansplatz | www.rhorns.com | Mo–Fr 10–18.30, Sa 10–17 Uhr

Echte Wiener Kaffeehauskultur lässt sich im Café Central erleben. Hier wird auch der Hunger gestillt und oft nebenbei stundenlang philosophiert.

⑩ *Tanzen im Maßschuh*
RUDOLF SCHEER & SÖHNE E3
Maßschuhe von Scheer & Söhne gehören in Wien zu einem großen Ball dazu. Seit sieben Generationen hat sich die Familie dem Schuhmacherhandwerk verschworen und belieferte sogar den kaiserlichen Hof. Heute gibt es im Geschäft auch schöne Accessoires und Taschen aus Leder.
Bräunerstr. 4 | U-Bahn: Stephansplatz | www.scheer.at | Mo–Fr 10–18, Sa 10–17 Uhr

⑪ *Regelmäßig Auktionen*
DOROTHEUM F3
Eines der größten und ältesten Auktionshäuser der Welt für Kunst, Möbel und Schmuck mit mehr als 600 Auktionen pro Jahr, gegründet 1707 von Kaiser Joseph I. Gehen Sie ruhig hinein, und sehen Sie bei einer der vielen Versteigerungen zu – das ist ein echtes Erlebnis. »Tante Dorothee«, wie die Wiener ihre Pfandleihanstalt liebevoll nennen, hat auch einen Shop, wo man ganz normal einkaufen kann.
Dorotheergasse 17 | U-Bahn: Herrengasse | www.dorotheum.at | Mo–Fr 10–18, Sa 9–17 Uhr

⑫ *Bunter Schmuck*
FREYWILLE E3
1951 von der Künstlerin Michaela Frey gegründet, sind die einzigartigen Schmuckstücke mittlerweile zu einer internationalen Marke geworden. Die farbenfrohen Kollektionen aus kostbarem, künstlerisch designtem Feueremail sind meist großen Künstlern nachempfunden.
Lobkowitzpl. 1 | U-Bahn: Karlsplatz | https://shop.freywille.com | Mo–Fr 10–19, Sa 10–17 Uhr

VOM PRATER BIS ZUR DONAU

In der Leopoldstadt beginnt das Naherholungsgebiet der Städter. Denn hier liegt nicht nur der Vergnügungspark Prater mit seinen Alleen und Parkanlagen, sondern dahinter auch die grüne Donauinsel und die Alte Donau als sommerliches Freizeit- und Badeparadies.

Die **Leopoldstadt** wie auch die anschließende **Brigittenau** sind historisch geprägt von der Donau und werden nur durch den **Donaukanal** von der Inneren Stadt getrennt. Die Donau, mit 2840 km der zweitlängste Strom Europas, fließt auf 350 km durch Österreich. Zur Zeit der Habsburger lagen in den Auwäldern der Leopoldstadt die kaiserlichen Jagdgründe. Das hier erlegte Wild war dem Adel vorbehalten, Donaufische bildeten jedoch seit dem Mittelalter ein Grundnahrungsmittel der Wiener Bevölkerung. Noch im Jahr 1955 wurden am Wiener Fischmarkt 560 000 Kilo Süßwasserfisch verkauft.

Heute ist im Osten der Stadt noch immer viel Grün zu finden. Im Lauf der Jahrhunderte entwickelten sich aus dem Jagdrevier die barocke Gartenanlage **Augarten** (mit der gleichnamigen Porzellanmanufaktur) und der **Prater** – als Vergnügungshochburg Wurstelprater sowie als grüner Prater mit vielen Alleen, Wiesen, Wasserläufen und Wäldern.

Ein Stückchen weiter entstanden durch Flussregulierung und Hochwasserschutz ebenfalls grüne Oasen, nur wenige Kilometer vom historischen Zentrum entfernt und mit direkter U-Bahn-Anbindung leicht erreichbar. Allen voran die **Donauinsel** inmitten der Donau mit einem dichten Netz an Radwegen und vielen Freizeitmöglichkeiten. Hier an der Neuen Donau hat sich in den 1980er-Jahren auf Höhe der Reichsbrücke

Das Riesenrad im Prater gehört inzwischen zu den Wahrzeichen Wiens, und die Fahrt in der historischen Kabine hat einen besonderen Charme.

unter dem Namen **Copa Cagrana** (nach dem Stadtteil Kagran im 22. Bezirk) auch eine lebendige Lokalszene mit Bars, Restaurants und Nachtclubs entwickelt. Vor allem in den Sommermonaten wird bis spät in die Nacht gefeiert und getanzt.

Wesentlich ruhiger geht's rund um die **Alte Donau** zu. Sie war vor 1875 der Hauptarm des damaligen Donaustroms. Bei der Regulierung wurde der Fluss im neu geschaffenen »Durchstich« zusammengefasst und die Alte Donau vom Flussbett getrennt. Im Jahr 1907 wurde schließlich das erste öffentliche Strandbad am Gänshaufen mit einem Familien- und einem Knabenbad inklusive einem Strandcafé eröffnet. Noch heute hat das »**Gänsehäufel**« Kultcharakter als Strandbad.

Neben Erholung und Spaß ist die Gegend aber auch ein dynamischer Wirtschaftsstandort. Die **Wirtschaftsuniversität Wien** hat sich hier niedergelassen, ebenso internationale Institutionen wie die UNO. Sowohl Uni als auch **UNO-City** sind geprägt von architektonisch spannenden Neubauprojekten und eindrucksvollen Hochhäusern. Diesseits der Donau haben sich junge Designer rund um die **Praterstraße** angesiedelt, ebenso findet man frische Gastronomiekonzepte, die ein hippes Publikum anziehen. Und am **Karmelitermarkt** trifft man sich vor allem samstags zum Plaudern, Einkaufen und Schnabulieren.

Die Leopoldstadt oder Mazzesinsel

Es war ein ständiger Wechsel zwischen Privilegien und Verfolgungen – doch im Jahr 1624 vertrieb der Habsburgerkaiser **Ferdinand II.** die jüdischen Mitbürger endgültig aus der Inneren Stadt. Der fanatische Kämpfer gegen alles, was sich nicht zum katholischen Glauben bekannte, wies die Juden an, sich am **Unteren Werd** in der heutigen Leopoldstadt niederzulassen, einem wenig attraktiven Gebiet auf der sumpfigen Insel zwischen Donaukanal und Donaustrom. Schon zuvor war Antisemitismus und Unterdrückung an der Tagesordnung, schließlich wurde eine brachliegende Heide hinter dem jüngst gegründeten Karmeliterkloster im Jahr 1626 an die jüdische Gemeinde verpachtet – ein Viertel, das heute ein Treffpunkt von Bobos, Künstlern und Zuwanderern ist. Auf diesem Areal also wurden bis 1669 gezählt 136 Häuser mit zwei Synagogen errichtet, dazu ein Krankenhaus und ein paar Schulen. Die jüdischen Ärzte waren angesehen, doch die Hygiene im **Ghetto** war verheerend: Immer wieder suchten Seuchen wie Typhus, Pocken und sogar die Pest die Siedlung heim.

Doch nicht nur das machte den Juden das Leben schwer. Ein angeblicher »Ritualmord« führte bald zu Übergriffen und Brandstiftung, schon 1668 durften Juden das Ghetto nicht mehr verlassen. Zwei Jahre später vertrieb sie Kaiser **Leopold I.** komplett aus der Stadt, ließ das Gebiet ankaufen und an der Stelle der Synagoge die Leopoldskirche errichten. So wurde die Leopoldstadt der erste Wiener Bezirk außerhalb der Stadtmauern.

Bald ging den Habsburgern erneut das Geld aus, und Leopold I. rief **Samuel Oppenheimer** und später auch **Samson Wertheimer** in die Stadt Wien. Ihnen folgten zehn Familien. Die Judenordnung des Jahres 1764 von Maria Theresia und ab 1781 die Toleranzpatente ihres Sohnes Joseph II. hatten einen großen Zuzug zur Folge, die letzten Restriktionen im Wohn- und Arbeitsrecht wurden 1848 aufgehoben. Die neue Nordbahn brachte jüdische Bürger auch aus anderen Teilen der Mo-

Nach Plänen von Ludwig Förster wurde der Große Tempel errichtet. Um 1860 war der Bau in der Leopoldstadt die monumentalste Synagoge Wiens.

narchie nach Wien, bald waren rund ein Drittel der Einwohner der Leopoldstadt Juden. 1858 wurde die größte Synagoge Wiens eröffnet – der sogenannte **Große Tempel** in der Tempelgasse. Jüdische Schulen folgten, und 1887 wurde der **Türkische Tempel** der sephardischen Gemeinschaft eingeweiht. Die Synagogen waren zu jener Zeit so überfüllt, dass an Feiertagen sogar in Kaffeehäusern gebetet wurde. Eine weitere Welle der Zuwanderung brachte der Erste Weltkrieg. Von rund 60 000 nach Wien geflüchteten Juden blieben rund 25 000 in der Leopoldstadt, was ihr den Namen »Mazzesinsel« eintrug – als Anspielung auf das ungesäuerte Brot der Juden zu Pessach.

Die Schergen der »**Reichskristallnacht**« wüteten im zweiten Bezirk besonders verheerend, insbesondere, was die Synagogen betraf. Eine Gedenktafel am Desider-Friedmann-Hof in der Ferdinandstraße erinnert an die Zerstörung der großen Synagoge und die Verwüstungen. Wo einst rund 60 000 Juden lebten, sind heute wieder mehr als 10 000 gemeldet, viele sind aus Ungarn oder der ehemaligen Sowjetunion zugewandert. Überall in der Leopoldstadt, heute ein bunter Multikulti-Mix, sind »Steine der Erinnerung«, ähnlich den deutschen »Stolpersteinen«, mit den Namen der Vertriebenen zu finden.

109

Sehenswertes

 MERIAN TOP 10

1 PRATER H/J2

Am **Praterstern** beginnt die 4,5 km lange Hauptallee, gesäumt von mehreren Reihen von Kastanienbäumen, die beim Lusthaus endet. Angelegt wurde die breite Allee bereits 1538 von Ferdinand II. Im 18. Jh. nutzte man die Straße am Wochenende für Wagenausfahrten des Hofes, des Adels und der reichen Bürger; sogar Trabfahrten fanden statt. Heute wird sie von wenigen Fiakern, doch vielen Radfahrern, Läufern und Spaziergängern bevölkert, die sich in den Parkanlagen des Praters erholen.

Das ehemalige kaiserliche Jagdrevier, wo heute der Prater zu finden ist, wurde 1766 von Joseph II., dem »Reformkaiser«, der Öffentlichkeit zugänglich gemacht. Nahe dem Praterstern entstanden im sogenannten **Volks-** oder **Wurstelprater** bald

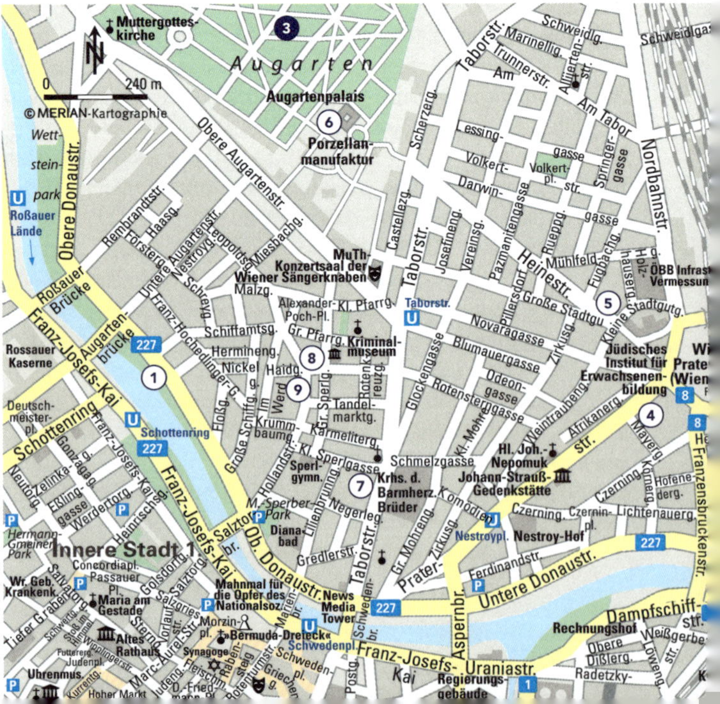

Vergnügungsstätten und Wirtshäuser. Der alte Wurstelprater wurde in den letzten Kriegstagen des Jahres 1945 fast völlig zerstört, Erinnerungsstücke aus den vergangenen Tagen sind im **Pratermuseum** beim Riesenrad zu sehen. Im selben Gebäude ist auch das **Planetarium** untergebracht.

Noch heute bietet der Prater das ganze Jahr über Volksfestatmosphäre: Es gibt Schießbuden, Spielsalons und Eisbuden.

SEHENSWERTES
1. Prater ★
2. Riesenrad
3. Augarten
4. Donauinsel
5. Kirschbäume auf der Donauinsel ●
6. Donaupark und Donauturm ⚑
7. Alte Donau

8. UNO-City
9. Wirtschaftsuniversität Wien
10. Trabrennb. Krieau

ESSEN UND TRINKEN
1. Otto Wagner Schützenhaus
2. Schweizerhaus
3. Das Campus

EINKAUFEN
4. Supersense
5. Lunzers Maß-Greißlerei
6. Augarten Porzellan
7. Tiempo nuovo
8. Design-Greißlerei
9. Gumprecht Pferdefleisch

Grün, wohin das Auge blickt. Im rund 60 Hektar großen Donaupark erholen sich die Städter und nutzen die Fußwege auch gern für eine Joggingrunde.

DAS GRÜNE WIEN

Wiesen, Wälder und Blumen einer Millionenstadt

Die Auszeichnungen kommen nicht von ungefähr. Dass Wien oft für den Titel »lebenswerteste Stadt der Welt« nominiert wird, ist nicht zuletzt den vielen Grünflächen geschuldet. Laut Statistik kommen auf jeden der 1,8 Millionen Einwohner knapp 100 Quadratmeter Grünfläche. Naherholungsgebiete wie **Prater**, **Wienerwald** und **Lobau** bieten einen hohen Freizeitwert, insgesamt verfügt Wien über 2000 Parks. Beinahe die Hälfte des Stadtgebiets besteht aus Grünanlagen, darunter 280 imperiale Parks und Gärten, aber auch landwirtschaftlich genutzten Flächen, wie etwa Weinberge, oder Wald. Wien zählt damit zu den weltweit grünsten Millionenstädten.

Der prominenteste Garten der Wiener ist wohl der **Prater**. Wie so oft in der bewegten Geschichte der Stadt war auch der rund sechs Quadratkilometer große Stadtpark einst in hochherrschaftlichem Besitz und für das gemeine Volk nicht zugänglich. Diese Auenlandschaft zwischen Donau und Donaukanal diente, wie auch der Augarten, als Jagdrevier des regierenden Monarchen. Erst Joseph II. gab den Prater am 7. April 1766 für den allgemeinen Zutritt frei. Auch Kaffeesieder und Wirte durften sich schließlich dort ansiedeln und legten den Grundstein für den späteren Wurstelprater mit Riesenrad und Liliputbahn. Heute ist der Prater mit seiner schnurgeraden Hauptallee ein weitläufiges, von Altwasserarmen durchzogenes Areal für Spaziergänger, Ruderboote, Radfahrer, Jogger und Reiter. Hier liegen auch die Trabrennbahn Krieau, die Galopprennbahn Freudenau und ein Golfplatz.

Der **Volksgarten**, einer der Parks an der heutigen Ringstraße, war ebenfalls als privates Refugium für die Erzherzöge gedacht. Dennoch wurde er am 1. März 1823 als öffentlich zugänglicher Park eröffnet, in barockem Stil, mit Renaissancebrunnen und Theseustempel. Hierher zieht es nicht zuletzt die Rosenliebhaber: Rund 3000 Rosensträucher mit mehr als 200 Sorten dieser edlen Blumen verwandeln den Volksgarten in den Sommermonaten in ein Blütenmeer. Erst spät für das Publikum geöffnet wurde der nahe **Burggarten** – bis 1919 blieb der im englischen Stil angelegte Park der Privatgarten der kaiserlichen Familie mit dem Palmenhaus, einem Glashaus im Jugendstil, das auch ein Schmetterlinghaus beherbergt.

Die wahre Promi-Meile jedoch ist der **Stadtpark**. Links und rechts des in Jugendstilkais gefassten Wienflusses erstrecken sich nicht nur Wiesen, Teiche und Beete, sondern stehen auch einige der der meistfotografierten Denkmäler der Stadt. Allen voran das goldene Johann-Strauß-Denkmal, aber auch Franz Schubert, Robert Stolz, Franz Lehár, Anton Bruckner, der Maler Hans Makart oder der legendäre Bürgermeister Andreas Zelinka. Es war die Schleifung der alten Stadtmauern, die Platz machte für diese Parkanlage, die 1862 eröffnet wurde und wo das Sitzen auf den Bänken bis 1956 noch kostenpflichtig war.

Ob im Park von Schloss Schönbrunn, im Schlossgarten des Belvedere oder im Augarten – Wien ist durchzogen von grünen Oasen, einem Mix aus barocker Pracht und kunstvoll verwilderter Naturschönheit, die zu wohltuenden Besuchen einladen.

Der Augarten hat seinen barocken Charakter bewahrt und ist bei den Einheimischen eine beliebte Freizeitoase, in der bisweilen auch Konzerte stattfinden.

Wahrzeichen des Praters ist das 1896/97 vom englischen Ingenieur Walter Basset errichtete **Riesenrad**. Von seinen geschlossenen Gondeln aus genießt man einen herrlichen Blick über die Dächer der Hauptstadt. Mit der 4 km langen **Liliputbahn** kann man eine Rundfahrt durch den Park unternehmen, in dem noch das Praterstadion, die Trab- und Galopprennbahn sowie das Radstadion Sportfans anlocken. Die Aktiven finden hier genügend Platz zum Radfahren oder Spazierengehen.
U-Bahn: Praterstern | www.prater.at

❷ RIESENRAD H2

Schon ein wenig kitschig, aber ein Muss für jeden Wien-Besucher ist eine Fahrt mit dem berühmten Wiener Riesenrad. Das Fahrgeschäft diente bereits als Kulisse in vielen Filmen und zählt zu den wichtigsten Wahrzeichen der Stadt. Errichtet wurde das Riesenrad 1897 zum 50. Thronjubiläum von Kaiser Franz Joseph I. Im Zweiten Weltkrieg durch einen Brand zerstört, wurde es 1945 wieder aufgebaut, heute werden sogar Candle Light Dinners in den Gondeln angeboten.
Riesenradpl. 1 | U-Bahn: Praterstern | Tel. 7 29 54 30 | www.wiener riesenrad.com | Ticket 12 €, Kinder ab 3 Jahren 5 €

❸ AUGARTEN F1

Mozart, Beethoven oder Schubert gaben in der barocken Gartenanlage Konzerte. Den Grundstein für den Park legte 1614 Kaiser Matthias mit einem Jagdschlösschen mitten in der Donau-Au. Die Habsburger veränderten über Jahrhunderte hinweg den Garten und öffneten ihn bereits 1775 für die Wiener. Das ist bis heute so geblieben. Auf dem riesigen Areal sind die Wiener Porzellanmanufaktur Augarten mit Museum, Kirche, Gefechts- und Flakturm sowie einigen Kulturinitiativen zu finden.
Haupteingang: Obere Augartenstraße | U-Bahn: Taborstraße

❹ DONAUINSEL K1

Wiens Freizeitzentrum Nummer eins – zumindest während der Sommermonate: kilometerlange Strände, Radfahr- und Joggingwege und dazu eine rege Lokal- und Restaurantszene am Ufer und auf dem Fluss schwimmend (!) ziehen scharenweise Besucher an. Letzteres gilt insbesondere auch für das im Juni stattfindende Musikfestival Donauinselfest.
U-Bahn: Donauinsel

IM VORBEIGEHEN ENTDECKT ●

❺ KIRSCHBÄUME AUF DER DONAUINSEL nordwestl. K1

Seit 1996 wurden in verschiedenen Wiener Parks als Symbol der Freundschaft zwischen Österreich und Japan 1000 Kirschbäume gepflanzt. Einige Hundert dieser Bäume stehen auf der Donauinsel. Der Kirschenhain liegt rund 1,6 km nördlich der Nordbrücke, nahe der Jedleseer Brücke, und ist besonders zur Kirschblüte im Frühjahr eine Augenweide.

MERIAN EMPFEHLUNG

❻ DONAUPARK UND DONAUTURM nördl. K1

Zur Wiener Internationalen Gartenschau 1964 wurde auf einer ehemaligen Mülldeponie der **Donaupark** geschaffen. Heute ist er eine beliebte Freizeit- und Sportanlage mit dem 30 000 m²

DIE DONAU IN WIEN

Wenn aus einem Fluss vier Gewässer werden

Grundsätzlich stimmt es: Wien liegt an der Donau. Vor einigen hundert Jahren war das ein wilder Fluss, der sich kilometerbreit über das Land ausdehnte und nicht selten durch Hochwasser, Überschwemmungen und Eisstöße schwere Schäden in den Siedlungsgebieten anrichtete. Obwohl sich die Menschen vor dem Fluss fürchteten, nutzten sie ihn für die Schifffahrt und die Fischerei. Die Römer ließen ihre Handelsschiffe dem Strom folgen, im Mittelalter wurden dort Fische und Krebse geangelt. Um die Nutzung des Flusses zu vereinfachen, versuchten die Wiener bereits im 15. Jahrhundert, die Donau in geregelte Bahnen zu lenken. Aber erst Jahrhunderte später sollte es mit der Regulierung und dem Hochwasserschutz so richtig klappen.

Der Fluss wurde in mehreren Schritten in vier Gewässer geteilt. Heute schlängelt sich der **Donaukanal** direkt an der Innenstadt vorbei, von hier starten die Ausflugsschiffe, an den Kais verlaufen Radwege, und eine junge, quirlige Gastroszene hat sich angesiedelt. Sogar ein Badeschiff liegt vor Anker. 1663 hatte die Donau in diesem Gebiet noch fünf verschiedene Hauptarme. Einer davon, der südlichste Arm, war der Donaukanal und wurde deshalb auch »Wiener Arm« oder »Wiener Wasser« genannt. Seine jetzige Form bekam der Donaukanal bei der Donauregulierung in den 1870er-Jahren.

Der Hauptstrom des Flusses verlagerte sich im Lauf der Zeit durch Versandungen, Überschwemmungen und andere Umwelteinflüsse wieder mehr in Richtung Osten. Dort fließt auch noch heute der **Hauptstrom der Donau**, der Wien auf einer Länge von 23,7 Kilometern durchzieht. An seinen Kais liegen auch die Flusskreuzfahrtschiffe vertäut, die auf ihrer Route bis ins Donaudelta am Schwarzen Meer weiterfahren.

Die Donauinsel trennt den großen Strom der Donau von der **Neuen Donau**. Das Projekt wurde 1972 begonnen, das Aushubmaterial des Entlastungskanals Neue Donau, der als

Hochwasserschutz angelegt wurde, diente zur Aufschüttung der lang gezogenen Insel. 16 Jahre dauerte der Bau, doch es lohnte sich. Bis heute schützen das zweite Flussbett und das angelegte Überschwemmungsgebiet die Stadt vor Hochwasser. Drei Wehranlagen regulieren die Wassermassen, zudem gibt es ein ausgeklügeltes Dammsystem auf beiden Seiten der Donau. Zahlreiche Brücken verbinden die Stadtteile hüben und drüben über die Donauinsel miteinander.

Die 21 Kilometer lange und bis zu 250 Meter Breite **Donauinsel** wurde zum Naturschutzgebiet und Paradies für Freizeitsportler. Rund 130 Kilometer lang sind die Wege über die Insel, direkt angebunden durch die U-Bahn und Schnellbahn. Es gibt Sportplätze, Grillzonen, FKK-Bereiche, Spielplätze und Badeplattformen. Immer wieder finden auf der Donauinsel Events statt, wie Beachvolleyball-Meisterschaften oder das Donauinselfest, das größte Open-Air-Festival Europas.

Viel Platz für Freizeit und Lebensqualität: Wien ist nicht zuletzt durch die Donauinsel eine Millionenstadt mit 42 Kilometer Strand und Naturschutzgebieten für die Artenvielfalt. Darüber hinaus schützt die Insel die Stadt vor Hochwasser.

Und die Donau gibt es auch noch in einer weiteren Variante: als stilles Gewässer **Alte Donau**. Der Altarm der Donau hat heute keine direkte Verbindung mehr mit dem Hauptstrom. Vielmehr liegt hier ein beliebtes Freizeitareal mit Strandbädern, Lokalen am Wasser, Radwegen, Bootsverleih, Ruderclub und Segelschule sowie öffentlichen Badebuchten. Von der einst wilden Auenlandschaft der Donau ist rund um die Großstadt kaum mehr etwas zu sehen. Ein kleiner Teil ist als **Nationalpark Donau-Auen** am Rand von Wien geschützt. Der Strom fließt 36 Kilometer durch ursprüngliche Auwälder. Ein Teil davon ist die stadtnahe Lobau, was so viel wie »Wasserwald« bedeutet. Wer diesen grünen Nationalparkdschungel entdecken möchte, leiht sich auf der Donauinsel einen Drahtesel aus und strampelt entlang des Radwegs bis zu Schloss Orth, wo das Nationalparkzentrum logiert. Von hier aus kann die Wasserlandschaft auch per Kanu oder Boot erkundet werden. Insgesamt umfasst der Nationalpark Donau-Auen mehr als 9000 Hektar Fläche.

großen Irissee, dem Kaffeehausberg und dem Korea-Kulturhaus. Insgesamt umfasst der Donaupark rund 604000 m². Direkt am Donauturm befindet sich die rund 20 ha große Papstwiese. 1983 versammelten sich hier rund 300000 Menschen, um Papst Johannes Paul II. zu sehen. Eigens zu diesem Zweck wurde ein 40 m hohes und 56 t schweres Stahlkreuz errichtet.

Der **Donauturm** selbst ist trotz der vielen Rooftop-Bars und Wolkenkratzer in Wien ein toller Aussichtspunkt. In dem 252 m hohen Turm, dem höchsten Gebäude Wiens, wurde in 170 m Höhe ein Drehrestaurant eingerichtet. So kann beim Essen in aller Ruhe das gesamte Stadtgebiet von oben betrachtet werden. Wer nur kurz verweilen möchte, kehrt im Café im Stil der 1960er-Jahre ein. Tipp: Am Wochenende und feiertags wird in luftigen Höhen auch gebruncht. Allerdings empfiehlt sich hierfür eine rechtzeitige Reservierung.

Wagramerstraße/Donauturmstraße | U-Bahn: Kaisermühlen – VIC | www.donauturm.at | tgl. 10–24 Uhr | Turmauffahrt 14,50 €, Kinder 9,90 €

7 ALTE DONAU nordöstl. K1

Sommerlichen Schwimmspaß garantieren die Strandbäder an der Alten Donau, dem ruhigen Altarm des Stroms. Das Wasser ist hier angenehm strömungsfrei, es gibt Nichtschwimmerbereiche, und am Ufer macht man es sich im Schatten alter Bäume gemütlich. Besonders beliebt bei den Einheimischen ist das zwei Kilometer lange »Gänsehäufel«. Im Sommer treffen sich am Naturstrand bis zu 18000 Menschen zum Baden.

U-Bahn: Alte Donau

8 VIENNA INTERNATIONAL CENTRE (UNO-CITY) nördl. K1

Neben New York, Genf und Nairobi ist Wien der vierte Amtssitz der Vereinten Nationen. Das Vienna International Centre wurde zwischen 1973 und 1979 errichtet. Die vier Bürotürme mit ihren etwa 24000 Fenstern prägen die Skyline von Wien.

Wagramer Str. 5/Donaupark | U-Bahn: Kaisermühlen – VIC | www.unvienna.org | Führungen Mo–Fr 11, 14, 15.30 Uhr | Eintritt 13 €, Kinder 5 €

Die Alte Donau ist nach ihrer Abtrennung vom Hauptarm des Flusses ein Binnengewässer ohne Strömung und im Sommer ein beliebtes Naherholungsgebiet.

9 WIRTSCHAFTSUNIVERSITÄT WIEN J2

Die Wirtschaftsuniversität Wien wurde 1898 gegründet. 2013 wurde der gesamte Uni-Campus auf einer Fläche von rund 100 000 m² zwischen Prater und Messe für mehr als 490 Mio. Euro neu gestaltet. Sechs Architekturbüros aus der ganzen Welt verwirklichten hier ihre Visionen – und die sieben Gebäudekomplexe sind wirklich sehenswert! Die Agentur »architectural tours vienna« (www.atours-vienna.at/campus-wu.html) bietet spezielle Architekturführungen auf dem Campus an.

Welthandelsplatz | U-Bahn: Messe-Prater | www.wu.ac.at

10 TRABRENNBAHN KRIEAU K2/3

Pferdewetten und Trabrennen haben eine lange Tradition in Wien: Die Trabrennbahn Krieau wurde bereits 1878 eröffnet. Seitdem finden auf dem Gelände immer wieder Rennveranstaltungen statt. Pro Jahr sind es an die 25 Renntage mit rund 250 Rennen. Bei Führungen kann man die Pferde aus der Nähe kennenlernen und mehr über die alte Tradition erfahren. Das Areal wird aber auch für Konzerte und Veranstaltungen genützt.

Nordportalstraße | U-Bahn: Stadion | www.krieau.at | Eintritt 5 €

Essen und Trinken

① *Fischliebhaber aufgepasst*
OTTO WAGNER SCHÜTZENHAUS F1
Ein weiteres Baujuwel von Otto Wagner: Die »Staustufe Kaiserbad« war Teil des Projekts zur Umwandlung des Wiener Donaukanals in einen Handels- und Winterhafen. Im Jahr 1908 fertiggestellt, wurde das Gebäude quasi um die maschinelle Hebevorrichtung, den Schützenkran, herumgebaut. Seit 2010 beherbergt das Bauwerk ein Restaurant, das insbesondere durch Süßwasserfische aus der hauseigenen Räucherei von sich reden macht.
Obere Donaustr. 26 | U-Bahn: Schottenring | Tel. 2 12 42 22 | www.wienerschuetzenhaus.at | Mo–Sa 11–24 Uhr | €€

② *Stelzen sind Pflicht*
SCHWEIZERHAUS H1
Eine Legende: Im klassischen Prater-Wirtshaus aus dem Jahr 1873 serviert man zu handfester Wiener Küche Budweiser vom Fass in Steingutkrügen. Berühmt ist das Haus jedoch für seine gegrillten, unglaublich knusprigen

Stelzen (Schweinshaxen). Ideal für alle, die Deftiges lieben. Im Sommer riesiger Gastgarten, in dem immer viel los ist.
Prater 116 | U-Bahn: Praterstern | Tel. 7 28 01 52 | www.schweizer haus.at | tgl. 11–23 Uhr, Nov.– Mitte März geschl. | €€

③ *Moderne Küche*
DAS CAMPUS J2
Retro-Style am Unigelände: Bar und Restaurant werden seit der Eröffnung nicht nur von Studenten und Professoren belagert, sondern auch von Anrainern. Besonders beliebt sind Flammkuchen, Burger und der Brunch am Wochenende. Modern serviert und gut zubereitet.
Welthandelspl. 1 | U-Bahn: Messe-Prater | Tel. 7 29 74 20 | www.das campus.at | Mo–Fr 11.30–24, Sa 9–24, So, Feiertag 12–17 Uhr | €€

Kaffeehaus im Grünen
LUSTHAUS östl. K5
Stilvoller Anlaufpunkt für Praterbesucher, vor allem für den nachmittäglichen Kaffee mit Kuchen. Das erste Lusthaus wurde um 1560 als Jagdhaus errichtet. Später wurde es 1781–1783 neu erbaut und spielte in der Monarchie eine große Rolle bei Feierlichkeiten

Moderne Architektur prägt das Vienna International Centre, besser bekannt als UNO-City. Die Vereinten Nationen haben hier einen ihrer vier offiziellen Amtssitze.

des Adels. Heute steht es unter Denkmalschutz und ist ein Kaffeehaus mitten im Grünen. Freudenau 254 | U-Bahn: Donaumarina | Tel. 28 95 65 | www.lusthaus-wien.at | Jan.–März Sa–Di 12–17, April–Sept. Mo, Di, Do, Fr 12–22, Sa, So, Feiertag 12–18, Okt.–Dez. Do–Di 12–17 Uhr | €€

Gutbürgerlich essen gehen
ALTES JÄGER-HAUS östl. K5

Ein Spaziergang durch den Prater kann ganz schön hungrig machen. Wer anschließend Gusto auf gutbürgerliche Küche hat, kehrt im Alten Jägerhaus ein und genießt

eine klassische Wirtshausküche und Wiener Mehlspeisen. Freudenau 255 | U-Bahn: Praterstern | Tel. 7 28 95 77 | www.altesjaegerhaus.com | Jan., Feb. Mi–So 10–18, März–Dez. Mi–So, Feiertag 10–23 Uhr | €€

Traditionelle Einkehr an der Alten Donau
BIRNER nördl. J1

Das Gasthaus beim Birnersteg blickt auf eine lange Geschichte zurück und ist eine Institution an der Alten Donau. Das Eis wird im Strandgasthaus noch selbst gemacht und auf der Terrasse mit Blick aufs Wasser serviert. Beson-

Analog statt digital: Die Stadt in alten Ansichten und vieles mehr gibt es in der Praterstraße im Retro-Geschäft von Supersense zu entdecken.

ders schön auch am Abend, wenn sich die untergehende Sonne im Wasser spiegelt. An der Oberen Alten Donau 47 | U-Bahn: Neue Donau | Tel. 2 71 53 36 | www.gasthausbirner.at | Sommer Mo–So 9–23, Winter Mo–So 9–22 Uhr | €€

Einkaufen

④ *Retro-Shop mit Café* **SUPERSENSE** G2
So richtig schön analog ist das Foto- und Musikgeschäft mit integriertem Café. Hier können Sie eine eigene Vinyl-Single aufnehmen oder mit den guten alten Sofortbildkameras experimentieren. Dazu gibt es leckere Köstlichkeiten von regionalen Produzenten und exzellenten Kaffee. Praterstr. 70 | U-Bahn: Praterstern | https://the.supersense.com | Di–Fr 9.30–19, Sa 10–17 Uhr

⑤ *Bio und Zero Waste* **LUNZERS MASS-GREISSLEREI** G1
Bewusst einkaufen leicht gemacht: Hier werden frische Biolebensmittel ohne Verpackung feilgeboten – Behälter entweder selbst mitbringen oder vor Ort Gläser oder Pa-

piersackerl kaufen. Das angeschlossene Café ist perfekt fürs Frühstück oder den Kaffee zwischendurch.

Heinestr. 35 | U-Bahn: Praterstern | Tel. 2 12 13 87 | www.mass-greissle rei.at | Mo–Fr 9–19, Sa 9–17 Uhr

⑥ *Traditionsmanufaktur* AUGARTEN PORZELLAN F1

Augarten zählt zu den führenden Porzellanmanufakturen, 1718 gegründet und damit die zweitälteste Europas. Im Augarten sind Manufaktur, Museum und Verkaufsshop untergebracht. Wer will, kann hier auch selbst kreativ werden und bei Workshops sein eigenes Porzellan herstellen oder bemalen. Das Ambiente ist genauso wie das Porzellan zeitlos schön.

Obere Augartenstr. 1 | U-Bahn: Taborstraße | www.augarten.at | Mo–Sa 10–18 Uhr

⑦ *Buch und Wein* TIEMPO NUEVO F2

Schmökern bei Kaffee, Tee oder einem Glas Wein – in dieser Buchhandlung wird Literatur mit Genuss verbunden. Deshalb gibt es neben tollen Büchern – von Romanen bis hin zu Reiseliteratur

– auch immer wieder Livemusik bei einem Aperitivo.

Taborstr. 17 a | U-Bahn: Nestroyplatz | www.tiempo.at | Mo–Fr 10–19, Sa 10–18 Uhr

⑧ *Individuelle Möbel* DESIGN-GREISS-LEREI F1

Schicke Möbel und superstylishe Accessoires gibt es in der Designgalerie von Franz Maurer. Für alle, die es gerne schlicht und funktional lieben. Auch individuelle Anfertigungen sind möglich.

Haidgasse 5 | U-Bahn: Taborstraße | Tel. 5 12 40 50 | https://design galerie.at/wohnaccessoires-2 | Mi–Fr 10–18, Sa 10–14 Uhr

⑨ *Spezialitätengeschäft* GUMPRECHT PFERDE-FLEISCH F1

Vom Arme-Leuten-Essen zur ersten Anlaufstelle für Gourmets: Pferde-Leberkäse nach Altwiener Tradition wird hier seit Generationen verkauft. Aber auch andere Pferde- und Fleischspezialitäten können probiert und gekauft werden.

Karmelitermarkt, Stand 41/42 | Straßenbahn: Karmeliterplatz | Tel. 2 12 47 57 | www.pferdefleisch.at | Mo, Di, Do, Fr 7–18, Mi, Sa 7–13 Uhr

AUF DEM WEG IN DEN SÜDEN

Mit Schloss Belvedere und dem dazugehörigen Park nennt der 3. Bezirk eines der Wiener Highlights sein Eigen. In diesem beschaulichen Viertel entlang des Donaukanals lässt sich aber noch einiges mehr entdecken – wie der Gebäudekomplex des Arsenals oder das Hundertwasserhaus.

Der Bezirk **Landstraße** entstand 1850 durch die Eingemeindung ehemaliger Vorstädte wie Erdberg, Weißgerber und Landstraße. Er grenzt unmittelbar an den 1. Bezirk und zählt so zu den inneren Bezirken, also zum erweiterten Stadtzentrum. Der Bezirk hat einige natürliche Grenzen, im Norden den **Wienfluss**, der den Stadtpark durchschneidet, im Osten den **Donaukanal** mit Spazier- und Radwegen am Wasser entlang. Im Süden reicht er bis zum Fuß des Laaer Bergs.

Das Bezirksgebiet wurde nicht zuletzt durch die Donau geformt, die hier mäanderte. Drei Donauterrassen steigen vom Donaukanal nach Westen an, sie sind heute noch zu sehen, das Naturdenkmal **Donauprallhang** erinnert daran, dass noch im 18. Jh. vor ihrer Regulierung die Donau hier entlangfloss. Das Gebiet nahe der Donau war bereits von den Kelten besiedelt worden, später stand hier die Zivilstadt des Römerlagers **Vindobona**. Im Mittelalter entwickelten sich dann zunächst kleinere Siedlungen, nicht zuletzt, weil der Verkehr auf den großen Routen nach Süden einträgliche Geschäfte brachte.

Verglichen mit den anderen »Inneren Bezirken«, verfügt der Bezirk Landstraße bis heute über einen hohen Anteil an innerstädtischen Gewerbegebieten und Grünflächen. Parkanlagen haben hier aufgrund der Vielzahl an Palais eine lange Tradition, allen voran natürlich der prachtvolle Barockgarten

Der Garten im Belvedere bezaubert mit seiner märchenhaften Atmosphäre. Im Schloss selbst werden die Werke berühmter Künstler gezeigt.

des **Belvedere**. Angeschlossen an das Areal dieses Prunkschlosses erstreckt sich der **Botanische Garten** der Universität Wien. Ebenfalls in unmittelbarer Nachbarschaft – direkt hinter dem spektakulären Hochstrahlbrunnen – befindet sich der **Schwarzenberg'sche Privatpark**, der Anfang des 18. Jh. direkt am gleichnamigen Palais entstanden ist. Er ist jedoch im Gegensatz zum Belvederegarten nicht öffentlich zugänglich.

Der **Rennweg** machte seinem Namen alle Ehre: Der alte Saumpfad war bis zum Jahr 1534 Schauplatz von Pferderennen als Belustigung. Heute ist er die Wiener Straße mit den meisten Kirchen. Hier residierte Fürst Metternich ebenso wie später Gustav Mahler, die Staatsdruckerei war hier ansässig, ein Waisenhaus und zahlreiche Militäreinrichtungen.

Aus dem 18. Jh. stammt auch der Arenbergpark, der um 1785 für das **Palais des Fürsten Nikolaus Esterhazy** angelegt worden war. Der mit rund 165 000 m² größte Park im Süden des Bezirks, der Schweizer Garten, wurde nach dem Abriss der Befestigung des Linienwalls im Süden Wiens geschaffen: Teiche, ein Alpenpflanzengarten, ein Rosarium sowie zahlreiche exotische Bäume laden zum Flanieren ein.

Sehenswertes

❶ STADTPARK F/G3/4

Der Wiener Stadtpark wurde 1862 auf dem Areal der ehemaligen Stadtbefestigung als erster öffentlicher Park Wiens eröffnet. Im Park gibt es eine Reihe kleiner Monumente, darunter das vergoldete **Johann-Strauß-Denkmal**, das zu einem der Wahrzeichen Wiens avancierte, aber bereits in jenem Teil des Parks steht, der zur Inneren Stadt gehört. Ein Geheimtipp für eine kleine Pause oder noch besser ein ganz besonderes Frühstück ist die Meierei am Stadtpark, die erschwingliche Variante des sternengekrönten Gourmetlokals Steirereck: Hier sitzen Sie am Wienfluss mit Blick auf dessen Jugendstilkai und genießen eine Kostprobe der vielleicht besten Gastronomie der Stadt.

Stadtpark | U-Bahn: Stadtpark bzw. Landstraße (Bhf. Wien-Mitte)

MERIAN TOP 10

❷ HUNDERTWASSERHAUS H3

In den Jahren von 1983 bis 1985 gestalteten der Maler Friedensreich Hundertwasser und der Architekt Josef Krawina einen kommunalen Wohnbau aus Holz und Ziegelmauerwerk, ohne Verwendung von Kunststoff. Das farbenfrohe Gebäude mit Zwiebeltürmchen und »ohne gerade Linien« war das erste einer Reihe von Wiener Wohnbauten, die von Künstlern konzipiert wurden. Wer dort logiert, hat das Recht, die Fassade rund um die Fenster ganz nach dem eigenen Geschmack zu gestalten. Mehr als 200 Bäume und Sträucher auf den Balkonen und Dachterrassen machen aus dem Hundertwasserhaus eine grüne Oase mitten in der Stadt. Das Gebäude selbst ist lediglich von außen zu besichtigen, näher betrachten lässt sich allerdings das **Hundertwasser Village**. Es entstand 1990 bis 1991 auf dem Areal einer Reifenwerkstatt. Hundertwasser gestaltete hier sein einziges Einkaufszentrum mit »Dorfplatz«, Bar und zahlreichen Geschäften in dem für ihn typischen Stil.

Kegelgasse 37–39 | Straßenbahn: Hetzgasse | www.hundertwasser-village.com | tgl. 9–19 Uhr

126

SEHENSWERTES
1. Stadtpark
2. Hundertwasser- haus ★
3. Kunst Haus Wien ⚑
4. mdw
5. Hochstrahl- brunnen 👁
6. Belvedere ★
7. Botanischer Garten
8. Gal. Belvedere
9. Arsenal
10. Friedhof St. Marx
11. Galerie Anzen- berger

ESSEN UND TRINKEN
1. Strandbar Herrmann
2. Gasthaus Wild
3. Steirereck Im Stadtpark
4. Café am Heumarkt
5. Gmoakeller
6. Salm Bräu
7. Café Benedikt
8. Stern in Sim- mering
9. Concordia Schlössl

EINKAUFEN
10. liniert
11. Feine Wiener Schuhmanufaktur
12. Lingenhel
13. Wiener Seife
14. Handschuhpeter
15. Fischler Hüte

HERZSCHLAG IM DREIVIERTELTAKT
Der Wiener Walzer als Kulturdenkmal

Er war ein Skandal. Viel zu eng, viel zu schnell, viel zu berauschend – der Wiener Walzer galt in seinen Anfängen als verrucht. Alles andere als gesellschaftsfähig, wurde er erst vor gut 200 Jahren durch den **Wiener Kongress**, der 1814 bis 1815 in der Stadt abgehalten wurde, wirklich beliebt. Es waren die »Walzerkönige« der **Strauß-Familie**, aber auch **Joseph Lanner**, die mitreißende und höchst tanzbare Walzer komponierten und damit die Wiener Ballkultur begründeten. Und es waren die Wiener Walzer, die **Johann Strauß Sohn** schon Mitte des 19. Jahrhunderts bis nach Amerika und Russland führten, wo die neuen »Schlager« – auch dieser Begriff entstand zu jener Zeit – auf ein begeistertes Publikum trafen. Später wurde der Wiener Walzer auch ein fixes Element in der Wiener Operette.

Die heutige Instrumentierung entspricht dabei oft gar nicht dem Original: Das berühmteste Werk von Johann Strauß Sohn etwa, der Walzer »An der schönen blauen Donau«, wurde 1867 vom Wiener Männergesang-Verein erstmals aufgeführt. Heute ist der **Donauwalzer** nicht zuletzt der umjubelte Höhe- und Schlusspunkt des weltweit übertragenen Neujahrskonzerts, dargeboten von den Wiener Philharmonikern und getanzt von Mitgliedern des Staatsopernballetts.

Die Wiener **Tanzschulen** haben sich vor allem des Walzers angenommen und bieten sogar kurze Tanzkurse jeweils vor der Ballsaison. Neben dem klassischen Rechtswalzer – also mit Rechtsdrehung –, der nur durch ruhige Pendelschritte unterbrochen wird, wird auch der schwierigere Linkswalzer getanzt. Experten wagen sich auch an den »Fleckerl«, bei dem sich das Tanzpaar bei den Drehungen nicht von der Stelle rührt.

Der »goldene Johann Strauß« im Stadtpark ist Wiens meistfotografiertes Denkmal, der Wiener Walzer selbst hat eine andere Auszeichnung erhalten: Seit November 2017 zählt er, in gespielter, gesungener oder getanzter Form, zum immateriellen Weltkulturerbe der UNESCO.

MERIAN EMPFEHLUNG

❸ KUNST HAUS WIEN H2

Wer sich für die fehlenden Geraden im Werk Hundertwassers interessiert, ist auch im Kunst Haus richtig: Dort ist eine ständige Schau des Meisters zu sehen, dazu gibt's spannende wechselnde Ausstellungen, nicht zuletzt mit Fotokunst. Tipp: das nette, im Hundertwasser-Stil gehaltene Café im Haus.

Untere Weißgerberstr. 13 | Straßenbahn: Radetzkyplatz | www.kunsthaus wien.com | tgl. 10–18 Uhr | Eintritt 12 €

❹ MDW F/G 3/4

Talent alleine reicht nicht. Wer als Künstler eine internationale Karriere anstrebt, braucht auch eine gute Ausbildung. Und die besten Universitäten dafür sind in Wien zu finden. Die mdw – Universität für Musik und darstellende Kunst Wien führt im internationalen Ranking der besten Universitäten. Wie einst Gustav Mahler, Kurt Schwertsik, Kirill Petrenko oder Angelika Kirchschlager studieren hier an die 3000 Nachwuchskünstler aus mehr als 70 Nationen. Aber was viele nicht wissen: Die mdw organisiert pro Jahr mehr als 1300 Veranstaltungen. Die öffentlichen Konzerte mit genreübergreifendem Repertoire zeichnen sich durch ihr hohes Niveau aus und sind eine preisgünstige wie spannende Alternative zu den »großen« Konzerthäusern.

Anton-von-Webern-Pl. 1 | U-Bahn: Landstraße (Bhf. Wien-Mitte) | www.mdw.ac.at (Veranstaltungen finden sich auf der Website)

IM VORBEIGEHEN ENTDECKT

❺ HOCHSTRAHLBRUNNEN F4

Er ist ein Sinnbild für sauberes Trinkwasser und ein höchst erfrischender Treffpunkt dazu: Am Schwarzenbergplatz fallen schnell die hohen Wasserfontänen des Hochstrahlbrunnens auf. Er wurde 1873 anlässlich der Fertigstellung der ersten Wiener Hochquellwasserleitung – die der Stadt bis heute frisches Quellwasser vom Alpenrand beschert – eröffnet. Später wurde der Brunnen durch verschiedenfarbene Leuchten zu einer »Fontai-

Kunst, die gewohnte Formen durchbricht. Das ist das Markenzeichen von Hundertwasser, über dessen Werk man im Kunst Haus Wien mehr erfahren kann.

ne lumineuse« umgestaltet und ist so bis heute ein beeindruckender Blickfang, der in der Dunkelheit in Grün, Blau, Violett, Gold, Rosa und Rot schillert. Gleich hinter dem Brunnen befindet sich das 1945 errichtete **Heldendenkmal der Roten Armee**.

Schwarzenbergplatz | U-Bahn: Karlsplatz oder Stadtpark

MERIAN TOP 10

⑥ SCHLOSS BELVEDERE F/G5

Der Sommersitz des Prinzen Eugen von Savoyen gilt als eine der schönsten Palastanlagen des Barock, aus der Feder des damaligen Stararchitekten Johann Lukas von Hildebrandt. Der geschickte Feldherr und Diplomat machte in der Habsburgermonarchie rasch Karriere und erwarb ein beträchtliches Vermögen, das er nicht zuletzt in prachtvolle Ansitze investierte (wie auch das barocke Jagdschloss Hof im Marchfeld vor den Toren Wiens). Der **Marmorsaal** als Herzstück des Schlosses bietet einen unvergleichlichen Ausblick auf Wien, hier fanden wichtige historische Ereignisse in der Geschichte Österreichs statt. Nach dem Tod Prinz Eugens erwarb Kaiserin Maria Theresia die gesamte Anlage. Von 1714 bis 1716 wurde das **Untere Belvedere** errichtet, das ursprüngliche Wohnhaus des Prinzen,

130

das außen schmucklos, aber innen umso prächtiger eingerichtet ist. Es beherbergt das **Barockmuseum**. In der Orangerie sind im **Museum Mittelalterlicher Österreichischer Kunst** romanische und gotische Schnitzwerke und Altarbilder zu sehen. 1717 wurde die Parkanlage gestaltet: Terrassen, Statuen und Wasserspiele verwandelten ihn in einen Lustgarten, der heute noch gerne für Spaziergänge genutzt wird. Auf der anderen Seite des Gürtels, im Schweizergarten, liegt der moderne Ableger des Belvedere, der **Pavillon Belvedere 21** von Architekt Karl Schwanzer. Er ist Schauplatz der Gegenwartskunst.

Unteres Belvedere: Rennweg 6 | Straßenbahn: Unteres Belvedere | Sa–Do 10–18, Fr 10–21 Uhr | Eintritt 14 €, Kinder frei

Oberes Belvedere: Prinz-Eugen-Str. 27 | Straßenbahn: Schloss Belvedere | Sa–Do 9–18, Fr 9–21 Uhr | Eintritt 16 €, Kinder frei

Belvedere 21: Arsenalstr. 1 | Straßenbahn: Unteres Belvedere | Mi–So 11–18 Uhr | www.belvedere.at | Eintritt 8 €, Kinder frei

Belvederegarten: Straßenbahn: Unteres Belvedere | tgl. 6.30–19 Uhr

❼ BOTANISCHER GARTEN G5

Der Botanische Garten gleich neben dem Belvedere wurde 1754 unter Kaiserin Maria Theresia als Medizinalpflanzgarten gegründet und ist heute Teil der Universität Wien. Er erstreckt sich über 8 ha und beherbergt 11 500 Pflanzenarten in Außenanlagen und diversen Gewächshäusern. Ein besonderer Tipp für Hobbygärtner ist die jährliche Raritätenbörse.

Rennweg 14 | Straßenbahn: Schloss Belvedere | www.botanik.univie.ac.at/hbv | Eingänge: Mechelgasse/Praetoriusgasse, Oberes Belvedere/Alpengarten, Reitertor und Jacquintor | Öffnungszeiten siehe Homepage | Eintritt frei

❽ GALERIE BELVEDERE F/G5

Die Galerie Belvedere zeigt sehr plastisch die Entwicklung der österreichischen Kunst vom Mittelalter über Renaissance und Barock bis ins 21. Jh. Ein viel besuchter Schwerpunkt liegt auf den österreichischen Malern des Fin de Siècle und des Jugendstils. Ein wahrer Publikumsmagnet der im Oberen Belvedere präsentierten Sammlung »Kunst um 1900« ist die weltweit größte Sammlung an Gemälden von Gustav Klimt, darunter seine goldenen Bilder »Der Kuss« (1908/09) und »Judith« (1901), aber auch weltweit bekannte Werke von Egon Schiele und Oskar Kokoschka. Prominente Bilder des französischen Impressionismus mit Werken von Monet und van Gogh sowie die wichtigste Sammlung aus dem Wiener Biedermeier gehören ebenfalls zum Repertoire des Museums.

Oberes Belvedere, Prinz-Eugen-Str. 27 | Straßenbahn: Schloss Belvedere | www.belvedere.at | Sa–Do 9–18, Fr 9–21 Uhr | Eintritt 16 €, Kinder frei

❾ ARSENAL G1

Die Revolution von 1848 hatte die monarchische Ordnung schwer erschüttert. So begann man bereits 1849 an einer verkehrstechnisch günstig und in Kanonenschussweite zur Innenstadt gelegenen Stelle, auf der Donauterrasse hinter dem Belvedere, mit dem Bau einer gewaltigen Kasernenanlage – dem Wiener Arsenal. Der ehemals militärische Backsteinkomplex auf seinem rechteckigen Grundriss gilt als Vertreter des Romantischen Historismus, deutlich zu erkennen an den altitalienischen und byzantinisch-maurischen Elementen. Gleich eine ganze Riege an prominenten Architekten wie Hansen, van der Nüll oder Sicard von Sicardsburg entwarfen dieses Ensemble von insgesamt 72 Gebäuden mit Kasernen, Waffenfabriken und militärischen Depots auf einer Gesamtfläche von 330 000 m^2.

Während heute in manchen der Bauten Wohnungen vermietet werden und in anderen die Bundestheater, das Fernmeldezentralamt und weitere staatliche Institute ansässig sind, ist im Herzen der Anlage das **Heeresgeschichtliche Museum** untergebracht. Bereits 1869 eröffnet, ist es das älteste Museum der Stadt. Heute werden hier – nach der klugen Devise »Kriege gehören ins Museum« – die Geschichte der Habsburgermonarchie, das Schicksal Österreichs nach dem Zerfall der Monarchie bis 1945 und natürlich die Rolle des Heeres dokumentiert. Der Maler Egon Schiele leistete übrigens im Heeresgeschichtlichen Museum einen Teil seines Militärdienstes ab.

Arsenalstraße | U-Bahn: Südtiroler Platz | Straßenbahn: Heeresgeschichtliches Museum | www.hgm.at | tgl. 9–17 Uhr | Eintritt Museum 7 €, Kinder frei, 1. So im Monat freier Eintritt

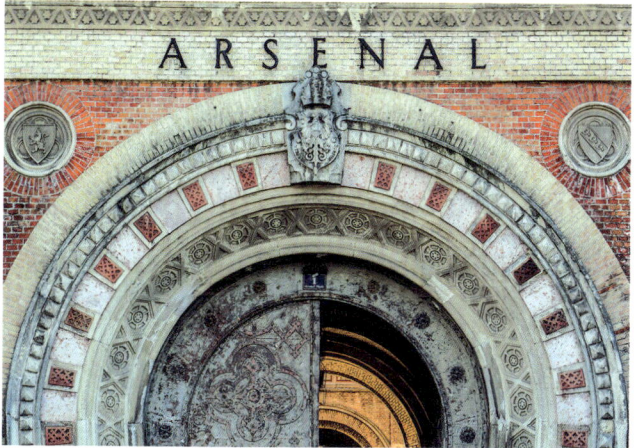

In den Backsteinbauten des ehemals militärisch genutzten Arsenals ist das Heeresgeschichtliche Museum untergebracht. Es wurde bereits 1869 eingeweiht.

⑩ FRIEDHOF ST. MARX J6

Der romantische Biedermeierfriedhof, der bereits vor mehr als 100 Jahren aufgelassen wurde, eignet sich für stille Momente und Pausen vom städtischen Trubel. Alter Baumbestand und die teils malerisch verwitterten Grabsteine und Statuen verleihen dem Ort einen ganz besonderen Zauber. Hier liegt auch die – leere – Grabstätte Wolfgang Amadeus Mozarts, der bekanntlich in einem nicht gekennzeichneten Grab beigesetzt wurde.

Leberstr. 6–8 | Straßenbahn: St. Marx | April–Sept. tgl. 6.30–20, Okt.–März 6.30–18.30 Uhr

⑪ GALERIE ANZENBERGER südl. H6

Ein kleiner Abstecher vom 3. in den benachbarten 10. Bezirk: Die Galerie Anzenberger spezialisiert sich seit 2002 auf Fotokunst. Doch auch der Rahmen ist bemerkenswert, ist die Galerie doch in der alten **Ankerbrot-Fabrik**, einem Industrial-Design-Juwel aus Backstein, untergebracht.

Absberggasse 27 | www.anzenbergergallery.com | Mi–Sa 12–18 Uhr, Juli, Aug. Sa geschl.

Essen und Trinken

① *Cocktails mit den Zehen im Sand*
STRANDBAR HERRMANN G2

Sandstrände im Zentrum? Einer der schönsten liegt am Donaukanal nahe der Urania. Tagsüber sonnt man sich im Liegestuhl, am Abend geht die Post mit viel Musik ab.

Herrmannpark | U-Bahn: Schwedenplatz | www.strandbarherrmann.at | April bis Anfang Okt. tgl. 10–2 Uhr | €€

② *Ein Klassiker*
GASTHAUS WILD G3

Holzgetäfeltes gutbürgerliches Traditionsgasthaus mit hübschem Gastgarten seit mehr als 100 Jahren. Täglich wechselnde Speisekarte und Spezialitätentage je nach Saison.

Radetzkypl. 1 | U-Bahn: Landstraße | Tel. 9 20 94 77 | gasthauswild.at | tgl. 11.30–23, So, Feiertag bis 22 Uhr | €€

③ *Gourmetküche*
STEIRERECK IM STADTPARK F4

In einer Aufzählung guter Adressen für den Gaumen darf dieses mit Hauben und Sternen hochdekorierte Lokal nicht fehlen. Das Steirereck zählt zu den besten Restaurants weltweit, die Lage im Stadtpark und das Interieur sind ebenfalls bemerkenswert. Eine so außergewöhnliche Gourmetküche hat natürlich ihren Preis. Für besondere Anlässe soll sie jedoch auf jeden Fall ans Herz gelegt sein.

Am Heumarkt 2 a | U-Bahn: Stadtpark | Tel. 7 13 31 68 | www.steirereck.at/restaurant | Mo–Fr 11.30–14.30 und ab 18.30 Uhr | €€€€

④ *Gemütlich und ruhig*
CAFÉ AM HEUMARKT F4

An diesem Kaffeehaus ist die Moderne spurlos vorübergegangen – authentischer geht's nicht. Ein sehr ruhiges, preisgünstiges Lokal mit großem Billardtisch, in dem immer wieder interessante Wienerlied-Konzerte stattfinden.

Am Heumarkt 15 | U-Bahn: Stadtpark | Tel. 7 12 65 81 | Mo–Fr 9–23 Uhr | €

⑤ *Hausmannskost und Innovatives*
GMOAKELLER F4

Hier oszilliert ein originales Wiener Wirtshaus zwischen authentischer Hausmanns-

Von der Strandbar Herrmann mit dem Sandstrand blickt man auf das Gebäude der Urania und die stylishen Wolkenkratzer entlang des Donaukanals.

kost und kreativer Küche – sehr gemütliches Ambiente. Am Heumarkt 25 | U-Bahn: Stadtpark | Tel. 7 12 53 10 | www.gmoa keller.at | Mo–Sa 11–24 Uhr | €€

⑥ *Essen in der Brauerei* **SALM BRÄU** G5
Brauerei und Gaststätte in den Gewölben des Salesianerklosters beim Unteren Belvedere mit eigener Whiskydestillerie. Wirklich grandios sind die gegrillten Surstelzen (gepökelte Schweinshaxen). Rennweg 8 | Straßenbahn: Unteres Belvedere | Tel. 7 99 59 92 | www. salmbraeu.com | tgl. 11–24 Uhr | €€

⑦ *Klein, aber fein* **CAFÉ BENEDIKT** G4
Kleines, gediegen-bürgerliches Kaffeehaus mit sehr gutem Frühstück und ebensolchen Mittagsmenüs. Gleich neben dem Rochusmarkt.

Sechskrügelgasse 2 | U-Bahn: Rochusgasse | Tel. 7 10 72 25 | www.cafe-benedikt.at | Mo–Fr 7–23, Sa 8–16 Uhr | €–€€

⑧ *Innereien und Altwiener Küche* **STERN IN SIMME-RING** südöstl. J6
Erfreulich altmodisch mit einem Hang zur Raffinesse präsentiert sich die Innereienküche des Gasthauses. Nieren, Leber und Beuschel stehen auf der Speisekarte. Das gebackene Hirn vom Ötscherblickschwein gilt als Delikatesse. Wer es klassischer möchte, der wählt zwischen saisonalen Spezialitäten wie Backhendl, Surschnitzel oder dem Altwiener Zwiebelrostbraten. Braunhubergasse 6 | U-Bahn: Simmering | Tel. 7 49 33 70 | www.gasthausstern.at | Mo–So 9–23 Uhr | €€€

Verführerisch duftende Saubermacher mit Charme: Im Laden Wiener Seife wird alles nur mit natürlichen Ölen, Pflanzenextrakten und Essenzen hergestellt.

⑨ *Außergewöhnliches Ambiente*
CONCORDIA SCHLÖSSL südöstl. J6
Ein Lokal am Haupteingang des Zentralfriedhofs mag ungewöhnlich sein, aber das Schnitzel ist ausgezeichnet. Somit wird das skurrile Ambiente zum Fest für Gaumen und Augen. Die »Schnitzeltrilogie des Hauses« weckt dabei die Lebensgeister. Stilvoll abgeschlossen wird mit einem Kaiserschmarrn mit Zwetschkenröster. Nicht selten erleben Besucher einen echten Leichenschmaus, für den das Schlössl weit über die Stadt hinaus bekannt ist. Wer neugierig ist, der unternimmt nach dem Essen einen Rundgang auf dem Zentralfriedhof, der zu den größten Friedhöfen Europas zählt.

Simmeringer Hauptstr. 283 | Straßenbahn: Zentralfriedhof Tor 1 | Tel. 17 69 88 88 | www.concordia-schloessl.at | So–Do 11–23, Fr, Sa 11–24 Uhr | €

Einkaufen

⑩ *Junge Mode*
LINIERT G4
Junges Modelabel mit aufregenden und tragbaren Schnitten wie Stoffen. Stöbern lohnt sich, kleine Änderungen werden meist gleich ausgeführt.
Sechskrügelgasse 2 | U-Bahn: Rochusgasse | www.liniert.com | Di–Fr 11–19, Sa 11–15 Uhr

⑪ *Solides für die Füße*
FEINE WIENER SCHUH-MANUFAKTUR H4
Ihr Auftritt, bitte: In bester Wiener Schuhmachertradition finden sich hier edle Her-

renschuhe direkt aus Meisterhand. Englische, ungarische oder doch Wiener Leisten – alle individuell angepasst? Oder vielleicht doch ein Paar zum Gleich-Mitnehmen?

Erdbergstr. 12 | U-Bahn: Rochusgasse | www.schuhmanufaktur.at | Mo–Fr 10–13, 14–19, Sa 10–17 Uhr

(12) *Feine Spezialitäten aus Milch*
LINGENHEL G4

In der eigenen Käserei werden Büffel- und Ziegenmilch verarbeitet, im angeschlossenen Shop sind Brot, Schokolade, Wein und Olivenöl im Angebot. Hier lässt sich auch gut ein Imbiss nehmen.

Landstraßer Hauptstr. 74 | U-Bahn: Rochusgasse | www.lingenhel.com | Mo–Sa 8–22 Uhr

(13) *Duftende Mitbringsel*
WIENER SEIFE H4

Immer der Nase nach: Nach einer geheimen Rezeptur, überliefert vom letzten Wiener Seifensieder Friedrich Weiss, werden die Seifen nach dem schonenden Kaltrührverfahren von Hand hergestellt. Bei mehr als 70 liebevoll komponierten Seifensorten sowie einem feinen Biosorti-

ment findet sich das ideale Mitbringsel oder Geschenk.

Hintzerstr. 2 | U-Bahn: Rochusgasse | https://wienerseife.at | Mo–Fr 10–18, Sa 10–14 Uhr

(14) *Für warme Hände*
HANDSCHUHPETER G4

1838 gegründet und immer noch in Familienbesitz: Hier werden Handschuhe in feinster Qualität hergestellt, zu finden sind auch Handtaschen und Schals. Der kleine Betrieb ist Teil der österreichischen Meisterstraße.

Landstraßer Hauptstr. 83 | U-Bahn: Rochusgasse | http://handschuh peter.at | Mi–Fr 9–18, Sa 9–17 Uhr

(15) *Hutmacher seit Generationen*
FISCHLER HUTGESCHÄFT H4

Der von außen unscheinbare Traditionsbetrieb liefert seit 1827 Hüte nach ganz Europa, im 19. Jh. an Prinzen und Kaiser, heute immerhin an namhafte Institutionen wie die Spanische Hofreitschule. Brigitte Lintner fertigt Hüte aller Art per Hand und/oder passt sie individuell an.

Landstraßer Hauptstr. 98 | U-Bahn: Rochusgasse | Mo–Fr 10–19, Sa 10–18 Uhr

DIE TÜRKENBOHNE UND DIE FOLGEN

Von der Erfolgsgeschichte der Wiener Kaffeehäuser

Die Rettung kam vom Kahlenberg. Am 12. September 1683 zerschlug der polnische König **Jan Sobieski** mit seinen Truppen den türkischen Belagerungsring um die Stadt Wien. Zurück ließen die flüchtenden Osmanen unter anderem rund 500 Säcke voll rätselhafter Bohnen, die man vorerst als Kamelfutter betrachtete. Zwar wurde der Gebrauch der Bohnen bald erkannt, doch ob es nun der Pole **Georg Franz Kolschitzky** war, der das allererste Kaffeehaus eröffnete, oder, wie jüngere Forschungen bekräftigen, der Armenier **Johannes Diodato** 1685 auf der heutigen Rotenturmstraße 14, ist nicht vollständig geklärt. Ebenso wenig wie das Rätsel, wer auf die Idee mit Milch und Zucker kam. Das **Kramersche Kaffeehaus** am Graben war 1720 dann das erste, das auch Zeitungen auflegte, Martin Diegand eröffnete 1788 das erste Konzertcafé. Was für ein Publikumserfolg! Die Konzerte wurden begeistert gestürmt und somit auch das Kaffeehaus. Die Stars der Szene waren alle da: Mozart, Beethoven, Johann Strauß senior, Josef Lanner ...

Manche Dinge haben sich seit damals nicht verändert: das Glas Wasser zum Kaffee, die Möglichkeit zum Kartenspiel, nationale wie internationale Zeitungen. Aus den frühen Zeiten der Industrialisierung stammt auch der Luxus, stundenlang bei einem einzigen Kaffee sitzen zu können, ja, zu dürfen. Nachgeschenkt wurde jeweils nur das Wasser. Der Grund: Wohnraum war ein rares Gut, manche Arbeiter teilten sich ein einziges Bett. Und wenn sie weder arbeiteten noch schliefen, saßen sie im Kaffeehaus. Das wiederum teilten sie sich ab dem späten 19. und frühen 20. Jahrhundert mit den **Kaffeehausliteraten**. Ein solches Maß an Kultur – samt Wiener Mehlspeiskultur – war dann auch für die UNESCO Grund genug, die Wiener Kaffeehauskultur 2011 in ihre Welterbeliste aufzunehmen.

Als Napoleons Kontinentalsperre von 1803 bis 1813 die Kaffeebohnen aberwitzig teuer machte und damit die Wiener

Stress ist im Kaffeehaus noch heute ein Fremdwort und ein längeres Verweilen auf den Stühlen oder in den Logen quasi ein Muss für jeden Wien-Besucher.

Kaffeesieder fast in den Ruin trieb, erhielten sie die Erlaubnis, auch warme Speisen und Wein zu servieren. Heute wie damals benötigt ein Kaffeehausbesuch vor allem eins: Zeit. Die typischen Accessoires sind Marmortischchen, auf denen der Kaffee serviert wird, Thonetstühle, Logen, Zeitungsablagen und eine kräftige Portion Historismus. Laut UNESCO ist das Kaffeehaus ein Ort, »in dem Zeit und Raum konsumiert werden, aber nur der Kaffee auf der Rechnung steht«.

Das Wiener Kaffeehaus ist ein ganz besonderes Biotop, ein Schnellkurs in Entschleunigung, trotz aller Neuerungen wie WLAN oder gar Hintergrundmusik. Erste Lektion: Wenn der Ober »Komme gleich« ruft, bedeutet das nicht, dass er sofort kommt. Nur Geduld! Das Warten – am besten mit Zeitung – zahlt sich aus. Genießen Sie die Vorfreude auf den Kaffee, versüßt durch Sachertorte, Gugelhupf und Kipferl, Apfel-, Topfen- oder Millirahmstrudel. Oder lieber ein Paar Sacherwürstel? Oder gar die begehrten Buchteln mit Powidl im Café Hawelka – in einer vor lauter Patina fast zu übersehenden Jugendstileinrichtung? Die kommen um 22 Uhr heiß auf den Tisch, gleich darauf sind sie vergriffen. Der einzige Moment, wo sogar im Wiener Kaffeehaus ein wenig Hektik aufkommen kann.

139

VOM KARLSPLATZ BIS ZUM SPITTELBERG

Exotische Gerüche für biedermeierliche Hipster und kulturinteressierte Fashionistas: Wer vom Karlsplatz zum Naschmarkt ausschwärmt und von dort aus die Gassen von Mariahilf oder Neubau erkundet, wird überrascht sein vom bunten Charme der Läden und Lokale.

Von der Inneren Stadt sind es nur ein paar Minuten bis zum weitläufigen Karlsplatz mit seiner hochbarocken **Karlskirche** und dem **Otto-Wagner-Stadtbahnpavillon** sowie der **Wiener Secession** als Kultstätte des Jugendstils. Das Dreigespann ist für alle Kunst- und Kulturinteressierten ein Höhepunkt in Wien und lässt sich wunderbar mit einem Abstecher zum **Naschmarkt** verbinden. Hier werden Köstlichkeiten aus aller Welt feilgeboten, flankiert von prachtvollen Gründerzeitfassaden und zahlreichen Lokalen. In den Abendstunden bietet sich ein Opernbesuch im **Theater an der Wien** an.

Gut gestärkt geht's dann hinauf zur MaHü. So wird der allzu lange Name **Mariahilferstraße** von den Einheimischen abgekürzt. Auf der Einkaufsstraße lässt sich vom Westbahnhof bis zum MuseumsQuartier flanieren, hier liegen Boutiquen, große Warenhäuser und Flagshipstores wie auch Cafés und trendige Lokale. Die Straße selbst ist verkehrsberuhigt und führte einst von der befestigten Inneren Stadt hinaus in die Vororte, die sich bereits ab dem Mittelalter entwickelten. In Mariahilf können Sie aber auch die eine oder andere Sehenswürdigkeit entdecken, zum Beispiel das versteckte **Hofmobiliendepot** oder das **Haus des Meeres**, das in einem ehemaligen Flakturm untergebracht ist. Musical-Freunde statten ab Herbst 2020 dem Raimundtheater einen Besuch ab.

Jüngst wurde die Kuppel der Secession, auch »Krauthappel« genannt, renoviert. 2500 Blätter und 311 Beeren wurden dazu neu vergoldet und beschichtet.

Wer beim Einkaufen abseits der internationalen Marken fündig werden möchte, biegt von der Mariahilferstraße in die kleinen Gassen in Richtung Neubau ab und schlendert zum bezaubernden Biedermeierviertel am **Spittelberg**. Hier haben sich besonders viele junge Kreative angesiedelt und bieten in kleinen Läden Mode sowie Designerstücke an. Es lohnt sich also, die Augen offen zu halten. Das gilt übrigens auch für die Gastronomie. In den Cafés, Bars und Restaurants dauert der Tag bis spät in die Nacht. Vor allem Bobos und Hipster schätzen die junge, entspannte Atmosphäre. Im Sommer ziehen die oft originell gestalteten **Schanigärten** viel Publikum an.

Kulturelles Highlight in der Gegend ist ohne Zweifel das **MuseumsQuartier**, die einst kaiserlichen Hofstallungen: ein aus barocken Bauwerken und neuer Architektur bestehendes Ensemble mit rund 60 großen und kleineren kulturellen Einrichtungen sowie mit 90 000 m² eines der weltweit größten Kunst- und Kulturareale. Auch hier pulsiert das Leben. Zwischen den namhaften Museen wird gemütlich der Milchschaum vom Kaffee gelöffelt, und auf den **Enzis** lassen sich müde Beine hochlegen. Das MQ wird auch von den Wienern gerne für eine kleine Pause zwischendurch genutzt.

SEHENSWERTES

1. Karlsplatz und Karlskirche ⭐
2. Otto-Wagner-Stadtbahnpavillons
3. Kunsthalle am Karlsplatz
4. Wien Museum
5. Wiener Secession 🚩
6. Bärenmühle
7. Theater an der Wien 🚩
8. Naschmarkt 🚩
9. Majolikahaus
10. Haus des Meeres
11. Haydnhaus
12. Raimund Theater
13. Mariahilfer Straße
14. MuseumsQuartier ⭐
15. Relaxen auf den bunten Enzis 👁
16. Spittelberg

ESSEN UND TRINKEN

1. Zum Stöger
2. Silberwirt
3. Gasthaus Wolf
4. Café Drechsler
5. Café Leopold
6. Siebensternbräu
7. Grünauer
8. Café Ritter

EINKAUFEN

9. Albert Pattermann
10. Mühlbauer Hut-
    manufaktur
11. dasmöbel
12. Galerie Holzer
13. Saint Charles
14. Szigeti Sekt-
    comptoir

15. Essigbrauerei
    Gegenbauer

Sehenswertes

 MERIAN TOP 10

① KARLSPLATZ UND KARLSKIRCHE E/F4

Nach dem Stephansdom ist die **Karlskirche** die größte Kirche in Wien. In ihrem Inneren sind u. a. die Kuppelfresken des Barockmalers Michael Rottmayr sehenswert. Sie stellen die drei christlichen Grundtugenden Glaube, Liebe und Hoffnung dar. Dank eines Aufbaus in 32 m Höhe können Sie im Himmelsgewölk jeden Pinselstrich des Künstlers genau erkunden – vorausgesetzt, Sie sind schwindelfrei. Außerdem haben Sie von der Kuppellaterne einen herrlichen Blick über Wien. Der Bau der Kirche geht auf ein Gelübde zurück, das Kaiser Karl VI. während der Pestepidemie 1713 geleistet haben soll. Der Brunnen vor der Kirche mit der Skulptur »Hill Arches« wurde vom englischen Bildhauer und Zeichner Henry Moore entworfen.

Der Karlsplatz selbst stellt ein buntes und doch harmonisches Stadtensemble dar: Neben der **Secession** sind hier der Glaspavillon der **Kunsthalle** und die von Otto Wagner errichtete **Stadtbahnstation** zu bestaunen. Auf der gegenüberliegenden Seite stehen das von Adolf Loos eingerichtete **Café Museum** sowie das **Musikvereinsgebäude** und das **Künstlerhaus**. Auch das **Wien Museum** befindet sich hier. Kunstfreunde sollten genügend Zeit für den Rundgang am Karlsplatz einplanen.

Karlsplatz | U-Bahn: Karlsplatz | www.karlskirche.at | Karlskirche: Mo–Sa 9–18, So 12–19 Uhr | Eintritt 8 €, Kinder frei

② OTTO-WAGNER-STADTBAHNPAVILLON E/F3

Die Wiener Stadtbahn war ein um 1900 errichtetes Netz von vier staatlichen Eisenbahnlinien und gilt als Gesamtkunstwerk des Jugendstilarchitekten Otto Wagner. Vor allem die Brücken und Stationsgebäude, aber auch Leuchten und Geländer wurden von ihm geplant. Besonders sehenswert sind der Stadtbahnpavillon Hietzing, die Haltestellen Schönbrunn und Stadtpark sowie die kunstvollen Abgänge am Karlsplatz.

Karlsplatz | U-Bahn: Karlsplatz

Wer schwindelfrei ist, kann den barocken Kuppelfresken von Michael Rottmayr in der Karlskirche dank einem neuen Treppenaufbau ganz nahe kommen.

3 KUNSTHALLE AM KARLSPLATZ E4

Einst war die Kunsthalle Wien in einem Container am Karlsplatz zu finden, dann siedelte das Haupthaus ins Museums-Quartier (S. 150) um. Aus dem Container wurde ein Glaspavillon. Hier ist nach wie vor das zu sehen, wofür die Kunsthalle steht: zeitgenössische Kunst. Manchmal aufrüttelnd, manchmal schön ruhig. So wie Kunst sein soll – facettenreich.

Treitlstr. 2 | U-Bahn: Karlsplatz | www.kunsthallewien.at | Di, Mi, Fr–So 11–19, Do 11–21 Uhr | Eintritt 12 € (Kombiticket mit Standort MQ), Kinder frei

4 WIEN MUSEUM F4

Dieses Haus am Karlsplatz präsentiert Kunst- und historische Sammlungen zur Geschichte der Stadt, darunter auch Werke von Klimt und Schiele. Daneben gibt es eine Reihe von Dependancen – von der Hermesvilla im Lainzer Tiergarten (einst das »Schloss der Träume« von Kaiserin Elisabeth) bis zu Schuberts Sterbezimmer in der Kettenbrückengasse. In den kommenden Jahren wird das Wien Museum am Karlsplatz zu einem modernen Stadtmuseum umgebaut. Bis zur Eröffnung ist die Dauerausstellung geschlossen. Die Sonderausstellungen siedeln einstweilen im Wien Museum MUSA (S. 99) neben dem Rathaus.

Karlspl. 8 | U-Bahn: Rathaus | www.wienmuseum.at | Di–So 10–18 Uhr | Eintritt 7 €, Kinder frei

145

Schnell mal Gemüse und Obst einkaufen oder eine Kleinigkeit essen – der Naschmarkt wird seinem Namen gerecht und bietet Leckereien aus der ganzen Welt.

11 MERIAN EMPFEHLUNG

5 WIENER SECESSION E4

Eine prachtvolle Kuppel mit 3000 vergoldeten, stilisierten Lorbeerblättern und darunter der Spruch »Der Zeit ihre Kunst. Der Kunst ihre Freiheit«: Das Jugendstilgebäude wurde 1897/98 von Josef Maria Olbrich errichtet und war Schauplatz einer Revolution gegen das konservative Künstlerhaus. Die Secessionisten rund um Otto Wagner und Gustav Klimt schufen sich damit ein der neuen Kunstform entsprechendes Ausstellungsgebäude. Das Highlight für Kunstfreunde sind sicherlich die Fragmente des 34 m langen Beethovenfrieses von Klimt. Wechselnde Ausstellungen von zeitgenössischen Künstlern runden das Angebot ab.
Friedrichstr. 12 | U-Bahn: Karlsplatz | www.secession.at | Di–So 10–18 Uhr | Eintritt 9,50 €, Kinder 6 €

6 BÄRENMÜHLE E4

An den Nebenarmen des Wienflusses wurden schon im Mittelalter Mühlen errichtet. Manche davon in höchst solider Bauweise, sodass heute noch eine dieser »Steinmühlen« zu besichtigen ist – die »Bärenmühle«, die am 1856 zugeschütteten

146

Mühlbach stand. Ihr Name stammt von einer Sage, bis ins 18. Jh. sollen sich noch vereinzelt Bären bis an den Stadtrand gewagt haben. Heute ist die »Bärenmühle« vorbildlich restauriert im Innenhof einer Wohnanlage in der Operngasse zu sehen – ein kleiner Schatz, den selbst die Wiener kaum kennen.
Operngasse 20 a | U-Bahn: Karlsplatz

MERIAN EMPFEHLUNG

❼ THEATER AN DER WIEN E4

Im Jahr 1801 wurde das Haus – damals noch direkt am Ufer des Wienflusses – eröffnet. Der von Schikaneder vorgesehene, weil zu dieser Zeit unglaublich schicke Empirestil lässt sich nur mehr am seitlichen Papagenotor in der Millöckergasse erkennen. Hier bezog später Beethoven eine Dienstwohnung und arbeitete an »Fidelio« und »Eroica«, hier debütierte die Startänzerin Fanny Elßler. Heute bietet das Haus hochkarätige Opernaufführungen zu moderaten Preisen in entzückendem Ambiente. Das Theater an der Wien ist nach seiner Neueröffnung als neues Opernhaus der Stadt 2006 zugleich das jüngste und älteste Opernhaus Wiens. Karten gibt es u. a. eine Stunde vor Vorstellungsbeginn direkt an der Abendkasse.
Linke Wienzeile 6 | U-Bahn: Karlsplatz | www.theater-an-der-wien.at

MERIAN EMPFEHLUNG

❽ NASCHMARKT E4

Der Naschmarkt entstand 1902 auf einem überwölbten Teil des Wienflusses. Seine regelmäßigen Hochwasser hatten dem Bezirk den Namen »Gumpendorf« verpasst, wegen der vielen Lacken und Tümpel, die Gumpen genannt wurden. Eine wahre Brutstätte für Bakterien jeglicher Art. So wurde nach der großen Choleraepidemie zu Beginn der 1830er-Jahre der Entschluss gefasst, die Wien mit all ihren Zuflüssen zu regulieren. So entstanden Auffangbecken vor der Stadt und »Cholerakanäle« zu beiden Seiten des Flusses sowie die Stadtbahntrasse. Das Flussbett wurde eingedeckt, auf seinem »Dach« befindet

147

sich noch heute der Naschmarkt, dessen Name allerdings nicht vom Naschen kommt, was sich zwar anbieten würde, aber geschichtlich nicht korrekt ist. Vielmehr soll sich die Bezeichnung auf ein hölzernes Milchgefäß namens »Asch« beziehen. Wie auch immer, die langen Reihen an bunten Ständen sind bis heute Wiens bekannteste Genussmeile mit zahlreichen Lebensmittelhändlern und noch viel mehr Minirestaurants und Essbuden. Die Pläne der Stadtregierung in den 1970er-Jahren, die Westautobahn bis hierher zu verlängern, verschwanden glücklicherweise in den Tiefen der administrativen Ablagesysteme. Der Markt ist ein idealer Ort geblieben, um zwischen Marktständen zu flanieren und sich in einem der zahlreichen kleinen Restaurants, Vinotheken oder Stehbeisln zu stärken.
Naschmarkt | U-Bahn: Karlsplatz

9 MAJOLIKAHAUS D4

Für das Majolikahaus verwendete der Architekt Otto Wagner Majolikafliesen mit farbigen Pflanzenornamenten, durch die er die Fassade witterungsbeständig und abwaschbar machte. In der nahen Köstlergasse (Haus Nr. 3) hatte Otto Wagner selbst eine Wohnung bezogen. Das benachbarte Eckhaus zieren an seiner Fassade vergoldete Medaillons von Koloman Moser.
Linke Wienzeile 38/40 | U-Bahn: Kettenbrückengasse

10 HAUS DES MEERES D4

Ein Date mit Nemo – das ist im Haus des Meeres mitten in der Stadt möglich. Ein Flakturm aus dem Zweiten Weltkrieg birgt eine sehenswerte Schausammlung der Ozeane. Haien, Seepferdchen, Schildkröten und Amphibien begegnet man ebenso wie Piranhas. An der Außenmauer gibt es eine 35 m hohe Kletterwand. Ganz neu ist der Panoramalift, der auf die **Dachterrasse** führt: Ob Frühstück oder Cocktail am Abend – von hier aus haben Sie eine einmalige Aussicht über die Dächer Wiens, schließlich ist es die höchstgelegene Rooftop-Bar im Zentrum.
Fritz-Grünbaum-Pl. 1 | U-Bahn: Neubaugasse | Tel. 5 87 14 17 | www.haus-des-meeres.at | Fr–Mi 9–18, Do 9–21 Uhr | Eintritt 18,90 €, Kleinkinder 5,70 €, Kinder 8,60 €

Einst war das Haus des Meeres ein Flakturm. Heute tummeln sich darin Fische in riesigen Aquarien, und Besucher blicken von der Dachterrasse über Wiens Dächer.

⑪ HAYDNHAUS C5

Joseph Haydn kaufte dieses Haus nach seiner zweiten Englandreise und lebte dort bis zu seinem Tod im Jahr 1809. Hier empfing er auch zahlreiche Gäste – darunter Ludwig van Beethoven – und schrieb seine berühmten Oratorien »Die Schöpfung« und »Die Jahreszeiten«. Das Haydn-Museum wurde 1899 eröffnet. Im ersten Stock finden sich Andenken rund um Haydns Musik und seine Person, darunter Briefe, Partituren, Bilder, die Totenmaske und zwei Klaviere.

Haydngasse 6 | U-Bahn: Zieglergasse | Di–So 10–13, 14–18 Uhr | Eintritt 5 €

⑫ RAIMUND THEATER B5

Das nach dem Dichter Ferdinand Raimund benannte Theater wurde 1893 als Spielstätte für Operetten eröffnet. Später wurde es Wiens erste Musicalbühne. Bis Herbst 2020 ist es wegen Renovierung geschlossen. Als Ausweichquartier bietet sich das Ronacher an, das bereits 1872 als »Wiener Stadttheater« gegründet wurde und sich in der Inneren Stadt befindet.

Wallgasse 18–20 | U-Bahn: Gumpendorfer Straße | Tel. 5 88 85 | www.vbw.at

Enzis heißen die farbenfrohen Sitzmöbel in den Höfen des MuseumsQuartiers. Sie haben inzwischen Kultstatus erlangt und laden zur Pause in der Sonne ein.

🔟 MARIAHILFER STRASSE C/D4/5

Mehrmals von den osmanischen Truppen dem Erdboden gleichgemacht, blieb die heutige Mariahilfer Straße doch eine wichtige Verbindung von der Innenstadt nach Westen, mit Unterkünften für Händler und Soldaten, mit Klöstern und Kapellen. Als im 19. Jh. die Stadt aus den Nähten platzte, war auch der Handel angekurbelt worden. Ein schlesischer Kaufmann gründete in der Kirchengasse an der Mariahilfer Straße eine neue Textilwarenhandlung. Das **Kaufhaus Herzmansky** war am Puls der damaligen Zeit, brachte neue Mode und vor allem fixe Preise und war ein Publikumserfolg. Bald wurde erweitert, das Herzmansky war der Prototyp eines *Grand Magasin*, wie sie aus Paris bekannt waren. Heute ist hinter der prachtvollen Fassade das Modehaus Peek & Cloppenburg untergebracht.
Mariahilfer Str. 26–30 | U-Bahn: Neubaugasse

MERIAN TOP 10

🔟 MUSEUMSQUARTIER D/E3/4

In den ehemaligen Hofstallungen verbanden das Architektenteam Laurids & Manfred Ortner sowie Manfred Wehdorn den Barock mit der Moderne. Seit 2001 sind hier einige der bedeutendsten Museen, Institutionen und Initiativen der österreichischen Kultur vereint. Zu den bekanntesten zählen das **Leopold Museum** und das **Museum moderner Kunst Stiftung Ludwig** mit seiner grandiosen Sammlung von Kunst des 20. Jh. Außerdem stehen hier die **Kunsthalle Wien** mit Wechselausstellungen, das **Architektur Zentrum Wien** und das **ZoomKindermuseum**. Die Wiener Festwochen finden hier ebenso statt wie die Vienna Fashion Week und das Tanzfestival ImPulsTanz.

Wer Kunst und Kultur liebt, sollte sich für das MuseumsQuartier ausreichend Zeit nehmen. Denn das Areal ist etwa 90 000 m² groß und zählt mit rund 60 kulturellen Einrichtungen zu den größten Kunststätten der Welt. Zwischen den historischen Gebäuden aus dem 18. und 19. Jh. befinden sich auch einige interessante Innenhöfe, Cafés und Shops.

Museumspl. 1 | U-Bahn: MuseumsQuartier bzw. Volkstheater | www.mqw.at | MQ-Kombiticket 32 € (Architekturzentrum Wien, Kunsthalle Wien, Leopold Museum und mumok)

IM VORBEIGEHEN ENTDECKT

⓯ RELAXEN AUF DEN BUNTEN ENZIS D/E3/4

Von grasgrün bis kräftig lila – die Möbel in den Höfen des MuseumsQuartiers haben bereits Kultstatus. Per Onlinevoting bestimmen die Wiener jedes Jahr eine neue Farbe. Die ersten Modelle hießen »Enzi« und wurden inzwischen weiterentwickelt. So lassen sich jetzt auch Sonnenschirme hineinstecken. Für die Wiener sind die bunten Sitzmöbel inzwischen zu richtigen Lieblingsstücken geworden und Teil ihres »Wohnzimmers« im Freien. Probeliegen ist daher ein absolutes Muss!

⓰ SPITTELBERG D4

Das **Grätzel** am Spittelberg mit seinen kleinen, romantischen Gassen hat sich viel von seinem Biedermeierflair bewahrt und ist gerade deshalb heute eine beliebte Lokalmeile. Aber auch viele kleine regionale Geschäfte mit kreativen Ideen haben sich am Spittelberg angesiedelt. Und hier ist auch einer der hübschesten Weihnachtsmärkte Wiens zu Hause.

Spittelberg | U-Bahn: Museumsquartier

Essen und Trinken

① Das Beste aus der Wiener Küche
ZUM STÖGER D5/6

Ein Familienbetrieb kocht auf: Seit mehr als 60 Jahren wird hier eine bodenständige Wiener Küche mit saisonalen Highlights serviert. Ein umfangreiches Weinangebot und ein gemütlicher Gastgarten gehören ebenfalls dazu.

Ramperstorffergasse 63 | U-Bahn: Pilgramgasse | Tel. 5 44 75 96 | www.zumstoeger.at | Di–Sa 11–24 Uhr | €€

② Backhendl im Biedermeierhaus
SILBERWIRT D5

Den Silberwirt schätzt der Wiener Bürgermeister ebenso wie der einfache Arbeiter. Mit den ersten Sonnenstrahlen des Frühlings pilgern die Freilufthungrigen zu knusprigen Backhendln, leckeren Schnitzelvariationen und bodenständigen Salatgerichten in den hübschen Innenhof des Biedermeierhauses. Schöner Gastgarten, auch die Innenräume sind lauschig.

Schlossgasse 21 | U-Bahn: Pilgramgasse | Tel. 5 44 49 07 | www.schloss quadr.at | tgl. 12–24 Uhr | €€

③ Gediegenes Beisl mit guter Küche
GASTHAUS WOLF E5

Echte Wiener Küche mit Witz und Können neu interpretiert, virtuose Innereiengerichte, aber auch wunderbare Klassiker wie Wiener Schnitzel. Gediegen-schlichtes Ambiente mit viel Holz und schöner Schank erwartet die Gäste.

Große Neugasse 20 | Straßenbahn: Mayerhofgasse | Tel. 5 81 15 44 | www.gasthauswolf.at | Mo–Fr 12–14, 17–1 Uhr | €€

④ Schnelle Einkehr
CAFÉ DRECHSLER E4

In modernem Terence-Conran-Design lebt der einstige Frühmorgentreff der Naschmarkt-Standler weiter: Hier gibt es Kaffee, kleine Gerichte und einen Mittagstisch. Ideal für eine schnelle Einkehr.

Linke Wienzeile 22 | U-Bahn: Kettenbrückengasse | www.cafe drechsler.at | Mo–Sa 8–24, So 9–24 Uhr | €€

⑤ Zwischen den Museen
CAFÉ LEOPOLD D4

Das Café im Leopold Museum bietet entspannte Atmosphäre, eine pfiffige Wiener Küche, DJs am Abend und einen Gastgarten im Herzen

Direkt im MuseumsQuartier punktet das Café Leopold mit seiner internationalen Küche, einer entspannten Stimmung und in den Abendstunden mit Musik.

des MuseumsQuartiers. Einen besseren »Rastplatz« zwischen den Museen findet man kaum. Vor allem, wenn schon der Magen knurrt. Museumspl. 1 | U-Bahn: Museumsquartier | www.leopoldmuseum.org | Mo–Fr 9.30–1, Sa, So, Feiertag 9.30–24 Uhr | €€

⑥ *Hip und gemütlich*
SIEBENSTERNBRÄU D4
Braubeisl im Biedermeierviertel: hausgebrautes Bier und bodenständige Küche. Idealer Stopover am Spittelberg, quasi den ganzen Tag geöffnet und auch abends perfekt für ein gemütliches Zusammensein.

Siebensterngasse 19 | U-Bahn: Museumsquartier | Tel. 5 23 86 97 | www.7stern.at | tgl. 11–24 Uhr | €€

⑦ *Echte Wiener Küche*
GRÜNAUER C4
Eine Küche, die auf der Zunge zergeht und Feinschmecker zum Schwärmen bringt, wird im etwas versteckt gelegenen, familiengeführten Gasthaus schon seit 1957 aufgetischt. Ob mittags oder abends, besser schmausen geht nicht.
Hermanngasse 32 | Straßenbahn: Westbahnstraße/Neubaugasse | Tel. 5 26 40 80 | www.gasthausgruenauer.com | Mo–Fr 18–24, Küche bis 22.30 Uhr | €€

⑧ *Stopp beim Shoppen*
CAFÉ RITTER D4
Mitten an der Einkaufsmeile Mariahilfer Straße gelegen, ist das gepflegte Traditionscafé mit den hohen Räumen eine Ruheoase im geschäftigen Treiben. Wiens Fußballlegende Ernst Happel verkehrte hier ebenso wie die Fashionistas der Stadt.
Mariahilfer Str. 73 | U-Bahn: Neubaugasse | Tel. 5 87 82 38 | www.caferitter.at | Mo–Sa 7.30–22, So 9–21 Uhr | €€

Einkaufen

⑨ *Top Lederwaren*
ALBERT PATTERMANN C4
Seit mehr als einem halben Jahrhundert fertigt Thomas Hicker Lederwaren in Topqualität bis hin zu Aktentaschen und Reisekoffern. Selbst der Sultan von Brunei und der jordanische König schätzen die Wiener Qualitätsarbeit. Zu finden sind seine Taschen jetzt bei Albert Pattermann, wo es seit jeher erstklassige Handtaschen und allerlei Hübsches aus Leder gibt.
Kaiserstr. 8 | U-Bahn: Zieglergasse | www.albertpattermann.at | Di–Fr 9–12, 14–18, Sa 10–14 Uhr

⑩ *Das Passende für jeden Kopf*
MÜHLBAUER HUT-MANUFAKTUR C4
Seit 1903 werden bei den Mühlbauers Hüte per Hand gemacht. Im Geschäft sind nicht nur Klassiker zu finden, sondern auch Modisches in immer wieder neuen Kollektionen. Sogar in Japan werden die Hüte aus Wien getragen. Ein schöner familiengeführter Traditionsbetrieb.
Neubaugasse 34 | U-Bahn: Neubaugasse | www.muehlbauer.at | Mo–Fr 10–18.30, Sa 10–18 Uhr

⑪ *Kaffee inmitten von Designerstücken*
DASMÖBEL D3
In diesem Café kann man nicht nur seine Melange und ein Stück Torte genießen, sondern auch Tasse, Teller und sogar die Einrichtung samt Accessoires, gestaltet von jungen Designern, gleich kaufen (das Geschäft befindet sich in der Gumpendorfer Str. 11). Das Sortiment wechselt. Deshalb wird man immer wieder von Neuem überrascht.
Burggasse 10 | U-Bahn: Volkstheater | https://cafe.dasmoebel.at | Mo–Mi 9–24, Do–Fr 9–1, Sa 10–1, So 10–23 Uhr

(12) *Exquisite Möbel*
GALERIE HOLZER D4
Auf Jugendstil- und Art-déco-Möbel, -Spiegel, -Lampen und -Uhren hat sich die Galerie spezialisiert. Neben Originalstücken findet man auch Neuanfertigungen nach den individuellen Wünschen der Kunden. Eine Fundgrube mit 800 m² Ausstellungsfläche für alle, die Exquisites lieben.
Siebensterngasse 16 und 32, Kirchengasse 30 | U-Bahn: Neubaugasse | www.galerieholzer.at | Mo–Fr 13–18, Sa 10–17 Uhr

(13) *Für Gesundheit und Schönheit*
SAINT CHARLES D4
Die ehemalige Apotheke zur Heiligen Dreifaltigkeit heißt heute Saint Charles, dazu gehören auch eine »Cosmothecary« und eine »Alimentary«. Im Sortiment sind u. a. heimische Kräuter – als Heilmittel, Kosmetika oder als Nahrungsmittel … einen Versuch ist es allemal wert. Übrigens: Unter dem Namen »Love Divine« gibt es auch eine Produktserie für Liebende.
Gumpendorfer Str. 30 | U-Bahn: Kettenbrückengasse | www.saint-charles.eu | Mo–Fr 8–19, Sa 8–12 Uhr

(14) *Prickelndes im Glas*
SZIGETI SEKT-COMPTOIR E4
Im Freihausviertel hat die Sektkellerei Szigeti, sicher eine der besten in Österreich, in unmittelbarer Nachbarschaft zum Naschmarkt eine gemütliche Bar mit Gastgarten eröffnet. Nebenan wird auch gleich der Sekt verkauft – und das zu Ab-Hof-Preisen. Hergestellt wird der ausgezeichnete österreichische Winzersekt im Burgenland.
Schleifmühlgasse 19 | U-Bahn: Kettenbrückengasse | www.sektcomptoir.at | Mo–Do 17–23, Fr 14–23, Sa 12–23 Uhr

(15) *Saures zum Kosten*
ESSIGBRAUEREI GEGENBAUER E4
Essig ist längst nicht Essig, und Erwin Gegenbauer gilt als »Wiener Essigpapst«. Wer tief in die Facetten des in Österreich produzierten Lebensmittels eintauchen will, ist hier richtig. Es gibt Wein-, Frucht-, Bieressig und vieles mehr. Verkostungen gibt's im Stand am Naschmarkt.
Naschmarkt, Stand-Nr. 111–112 | U-Bahn: Kettenbrückengasse | www.gegenbauer.at | Mo–Fr 10–18, Sa 8–17 Uhr

DENKER, KÜNSTLER, BOHEMIENS

Sie sind keine klassischen Touristenbezirke, dennoch ein typisches Stück Wien: In der Josefstadt und am Alsergrund treffen sich seit jeher Künstler, Schriftsteller, Schauspieler und Intellektuelle. Neben traditionsreichen Theaterbühnen gibt es schmucke Bürgerhäuser und urige Beisl.

Die **Josefstadt** ist eng mit der Innenstadt verknüpft: Die Verwaltung der Habsburgermonarchie und seit 1918 auch des Staates Österreich ist an der Ringstraße konzentriert. Der Bezirk war daher stets das Wohngebiet der gehobenen Mittelschicht und so mancher Adelsfamilie, das sieht man noch heute an den eleganten Fassaden. Viele Beamte der umliegenden Ministerien leben heute hier, ebenso zahlreiche Studenten. Der Name geht auf **Kaiser Joseph I.** zurück, die Straßen zeigen zum Teil noch die typische Struktur aus der Biedermeierzeit.

Schon lange sind hier auch Geist und Kunst zu Hause, wie Fritz Lang, Otto Preminger und Billy Wilder, die später in Hollywood Karriere machten. Der Dichter Ödön von Horvath verlegte in die Lange Gasse einen Teil seiner »Geschichten aus dem Wienerwald«, und der Schauspieler Oskar Werner verbrachte hier seine letzten Lebensjahre. Auch der Dichter H. C. Artmann lebte im 8. Bezirk und schrieb hier 1958 seinen Gedichtband »med ana schwoazzn dintn«, mit dem er dem Dialektgedicht zum Durchbruch verhalf. Und das renommierte **Theater in der Josefstadt**, das älteste bestehende Theater Wiens, ist auch heute noch eine der ersten Bühnen Österreichs.

Ein Stückchen weiter im Norden liegt der **Alsergrund**. Noch im Mittelalter wurde hier am Schottenpoint Weinbau betrieben, inzwischen gehört der gesamte Alsergrund zum Stadtbe-

Die Fassade der neugotischen Votivkirche wurde aus unterschiedlichen Natursteinen errichtet. Hinzu kommen 111 bleiverglaste Fenster.

reich. Im 17. Jh. entstanden das **Soldatenspital** (das spätere Alte AKH) und im Jahrhundert darauf viele herrschaftliche Villen. Hinzu kamen Ziegeleien und Mühlen, auch Seidenraupen wurden hier gezüchtet. Teile des Alsergrunds verkamen im Zuge der Industrialisierung zu Elendsvierteln und wurden zum Nährboden der Märzrevolution des Jahres 1848.

Heute sind »am Alsergrund« wichtige Teile der Universität Wien zu finden, zum Beispiel im **Alten Allgemeinen Krankenhaus** (AKH) in der Spitalgasse. Dadurch hat die Gegend einen studentischen Charme bekommen. Trotzdem ist der Alsergrund ein ruhiges Wohnviertel geblieben, dominiert von alten Bürgerhäusern. Auch einige prunkvolle Palais sind hier zu finden, die sich der Adel – damals noch vor den Toren der Stadt – errichten ließen. Auf viele Touristen werden Sie am Alsergrund nicht treffen, obwohl es hier ein Stück echtes Wien zu entdecken gibt. In den **Stadtbahnbögen** haben sich Lokale und Geschäfte angesiedelt. Die Bezirke Josefstadt und Alsergrund waren eben seit jeher ein kreativer Nährboden für Andersdenkende und offene Orte für ein lebendiges Miteinander.

Sehenswertes

❶ LENAUGASSE D2/3

Die Gasse wurde nach dem Schriftsteller Nikolaus Lenau benannt, einem lyrischen Dichter Österreichs im 19. Jh. während der Zeit des Biedermeier. Die gesamte Straße gilt als Musterbeispiel der sogenannten vormärzlichen Architektur, also der von liberalen Tendenzen geprägten Baukunst ab etwa 1830, die bis zur Revolution vom März 1848 andauerte.

U-Bahn: Rathaus

❷ THEATER IN DER JOSEFSTADT D3

Das älteste Theater Wiens wurde 1788 von Karl Mayer, dem Schwiegersohn des Wirts von »Bey den goldenen Straußen«, in dessen Garten gegründet. Schon bald erwies sich das Theatergebäude als zu klein. 1822 wurde der vom Biedermeierarchitekten Josef Kornhäusel errichtete Neubau mit Beethovens Ouvertüre »Die Weihe des Hauses« eröffnet: Der berühmte Komponist dirigierte persönlich. Das Theater ist heute eine der wichtigsten Bühnen Wiens für zeitgenössische Erfolgsproduktionen und moderne Klassiker. Das Innere strahlt nach ei-

SEHENSWERTES
❶ Lenaugasse
❷ Theater in der Josefstadt
❸ Vienna's English Theatre
❹ Piaristenkirche Maria Treu
❺ Volkskundemuseum im Palais Schönborn
❻ Votivkirche
❼ Altes AKH – Universitätscampus

❽ Volksoper
❾ Strudlhofstiege
❿ Schubert Geburtshaus
⓫ Lichtentaler Pfarrkirche
⓬ Hundertwasser-Müllverbrennungsanlage 👁

ESSEN UND TRINKEN
① Weinstube Josefstadt
② Blauensteiner

③ Piaristenkeller
④ Schnattl
⑤ Café Florianihof
⑥ Café-Restaurant Weimar

EINKAUFEN
⑦ Vertiko
⑧ SI italienische Schuhe
⑨ Wiener Rösthaus
⑩ Hannibal
⑪ Xocolat
⑫ Zweigstelle

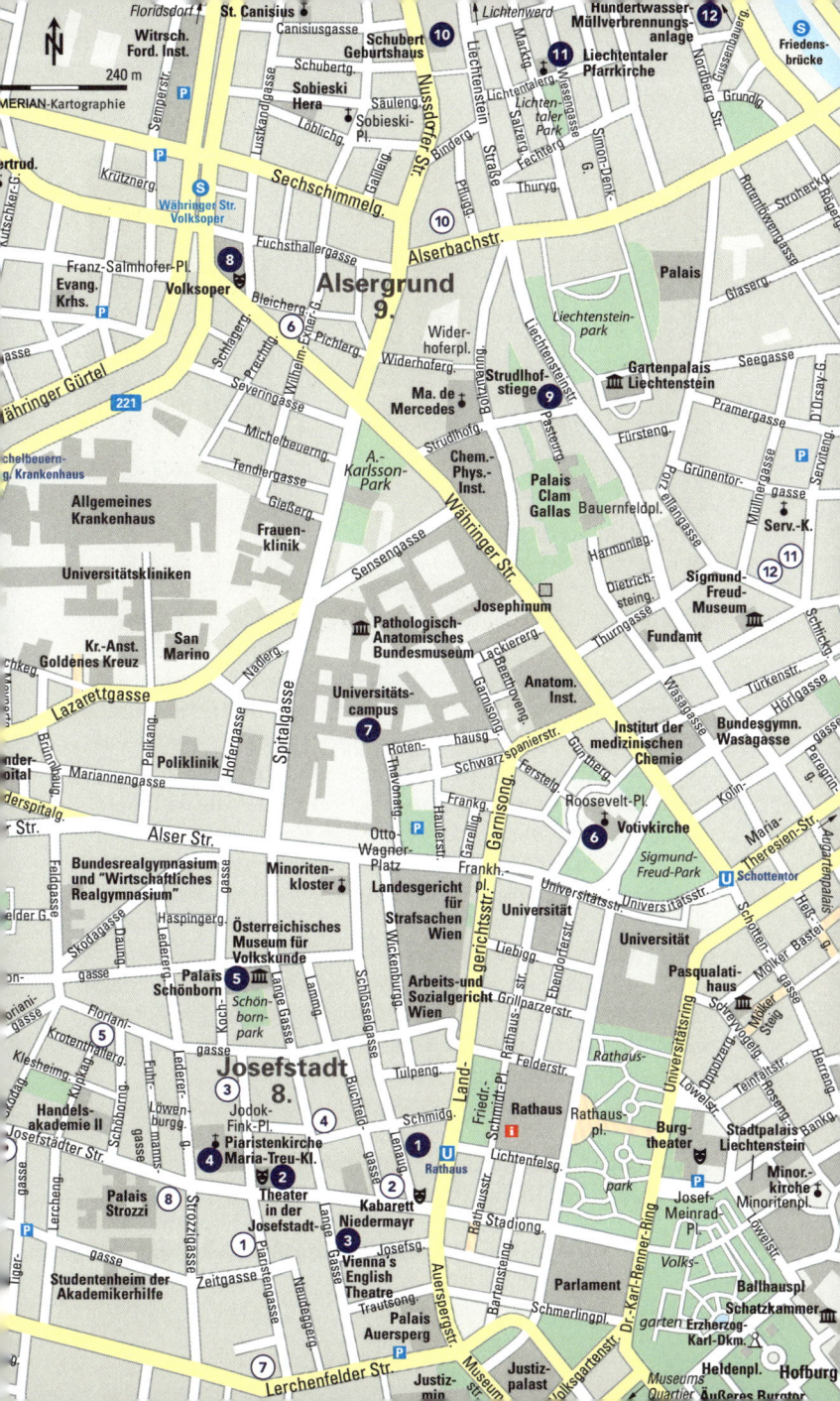

In der Votivkirche, die manchmal auch als »Dom der Ringstraße« bezeichnet wird, finden regelmäßig Konzerte sakraler Musik sowie Gospel-Events statt.

ner Renovierung 2007 wieder mit Goldschmuck, rotem Damast und venezianischen Lüstern. 1924 wollte Max Reinhardt mit der opulenten Ausstattung einen Raum für die Gegenwartsflucht schaffen. Und das ist bis heute so geblieben.

Josefstädter Str. 26 | U-Bahn: Rathaus | Tel. 42 70 03 00 | www.josefstadt.org

③ VIENNA'S ENGLISH THEATRE D3

1963 gegründet, ist das Vienna's English Theatre die älteste englischsprachige Bühne Europas außerhalb von Großbritannien. Hier standen schon Grace Kelly, Jean-Paul Belmondo, Jeanne Moreau oder Leslie Nielsen auf der Bühne.

Josefsgasse 12 | U-Bahn: Rathaus | Tel. 40 21 26 00 | www.englishtheatre.at

④ PIARISTENKIRCHE MARIA TREU C/D3

Der Name der Kirche stammt vom Josefstädter Gnadenbild »Maria Treu«, das anlässlich der Pestepidemie des Jahres 1713 von Josef Herz gemalt und von der heutigen Schmerzenskapelle in die neue Kirche übertragen wurde. Errichtet wurde das Gotteshaus in den Jahren von 1698 bis 1719 wahrscheinlich nach Plänen von Lukas von Hildebrandt. Im Inneren des Gotteshauses leuchten fünf Kuppelfresken, die der bedeutendste Maler des österreichischen Spätbarock, Franz Anton Maulbertsch, in den Jahren 1752 und 1753 schuf. Zu sehen sind u. a. die Aufnahme Mariens in den Himmel und Szenen aus dem Alten und Neuen Testament. Die Fassade ist das einzige Wiener Beispiel einer Konvexfassade nach Art der römischen Kirchen. Die Piaristenkirche ist auch bekannt für ihre hervorragende Akustik. Messen von Joseph Haydn, Franz von Suppé und Paul Hindemith wurden hier erstmals aufgeführt.

Piaristengasse 43 | U-Bahn: Rathaus | www.mariatreu.at

❺ VOLKSKUNDEMUSEUM IM PALAIS SCHÖNBORN D2

Friedrich Carl von Schönborn gab nach seiner Berufung zum Reichsvizekanzler im Jahr 1706 beim österreichischen Architekten Lukas von Hildebrandt dieses Gartenpalais in Auftrag. Die Arbeiten wurden 1714 beendet. 1862 übernahm die Stadt Wien das barocke Palais und ließ es restaurieren, der Garten wurde für die Öffentlichkeit geöffnet. Seit 1920 ist im Palais das **Österreichische Museum für Volkskunde** untergebracht. Auf einem Teil der ehemaligen Gartenanlagen erstreckt sich heute der $10\,000\,m^2$ große städtische **Schönbornpark**.

Laudongasse 15–19 | U-Bahn: Rathaus | www.volkskundemuseum.at | Di–So 10–17, Do 10–20 Uhr | Eintritt 8 €

❻ VOTIVKIRCHE D2

Manche Wien-Besucher halten die 1856 bis 1879 von Heinrich von Ferstel errichtete neugotische Votivkirche auf den ersten Blick für den Stephansdom. Manche bezeichnen die Votivkirche auch als Ringstraßendom. Ihr Bau wurde als Dank für die Errettung des jungen Kaisers Franz Joseph I. vor einem Attentat gestiftet und 1879 eingeweiht. In ihrem Inneren steht ein Renaissancegrabmal für Graf Niklas Salm, den Befehlshaber während der ersten Türkenbelagerung 1529. Das Museum im ehemaligen Hoforatorium ist aufgrund von Renovierungsarbeiten geschlossen. Heute zählt die Wiener Votivkirche zu den bedeutendsten neugotischen Sakralbauwerken der Welt.

Rooseveltplatz | U-Bahn: Schottentor

❼ ALTES AKH – UNIVERSITÄTSCAMPUS C/D1/2

Das ehemalige AKH war einst, als es Kaiser Joseph II. 1784 errichten ließ, das modernste Krankenhaus der Welt. Um einen großen Hof gruppieren sich zwölf kleinere Höfe, und in der Sensengasse steht noch der fünfstöckige kreisrunde »Narrenturm«, wo früher die psychisch Kranken »verwahrt« wurden. Dort gibt es die schaurige pathologisch-anatomische Sammlung mit etwa 45 000 Objekten zu sehen, sie ist die weltweit größte Präsentation pathologischer Präparate. In den Innenhöfen finden sich heute eine Reihe von Lokalen, in denen man vor allem die lauen Sommerabende genießen kann. In der Adventszeit gibt es hier einen schönen Weihnachtsmarkt. Da ein Teil der Universität Wien heute im Alten AKH untergebracht ist, tummeln sich viele junge Leute auf dem Gelände, und es hat sich ein lebendiges Grätzel (Stadtviertel) um den Campus entwickelt.

Spitalgasse 2 | U-Bahn: Rathaus/Schottentor
– Pathologisch-Anatomisches Bundesmuseum: Anmeldung zu Führungen erbeten unter Tel. 52 17 76 06 | Mi 10–18, Do 10–13, Sa 10–13 Uhr | Eintritt 4 €, Kinder frei

❽ VOLKSOPER C/D1

Das populärste Haus unter den Bundestheatern. Hier kümmert man sich um Klassiker des Musiktheaters ebenso wie um Ballett oder um Wiener Lokalgrößen. Besonders die Operette und Musicals werden hier gepflegt. Dafür sind 150 Sänger, 95 Orchestermusiker, 64 Chorsänger und über 100 Tänzer im Einsatz. Eröffnet wurde das Haus 1898 als »Kaiser-Jubiläums-Stadttheater« und wurde nur als Sprechbühne geführt. 1903 kamen die Opern und Singspiele hinzu. Ein Jahr später wurde dann aus dem Stadttheater Wien offiziell die Volksoper.

Währinger Str. 78 | U-Bahn: Währinger Straße | Karten: Hanuschgasse 3 | Tel. 5 14 44 36 70 | www.volksoper.at

Im Narrenturm des Alten AKH ist heute ein pathologisch-anatomisches Museum untergebracht. Zu sehen gibt es auch eine von Heimo Wallner gestaltete Turmzelle.

❾ STRUDLHOFSTIEGE D1

Heimito von Doderer setzte ihr in seinem Werk »Die Strudl-hofstiege oder Melzer und die Tiefe der Jahre« ein Denkmal. Die Freitreppe zwischen der Strudlhofgasse und der Liechten-steinstraße ist aber auch für Literaturmuffel sehenswert: Sie ist eines der bedeutendsten Bauwerke des Jugendstils in Wien und wurde von Johann Theodor Jaeger entworfen. Die Anlage ist mit einem zweiteiligen Brunnen geschmückt.

Strudlhofgasse/Liechtensteinstraße | U-Bahn: Josefstädter Straße

❿ SCHUBERT GEBURTSHAUS nördl. D1

Der Komponist Franz Schubert wurde in diesem Haus gebo-ren und verbrachte vier Jahre hier. Heute ist im Gebäude eine Ausstellung zu Schuberts Leben und Werk untergebracht. Aber Sie können den Musiker auch akustisch näher kennen-lernen. Zusätzlich lassen sich die **Adalbert-Stifter-Gedenk-räume** besichtigen. In zwei Sälen wird das malerische Talent des Schriftstellers anhand von 50 Werken gezeigt. Landschafts-malereien befinden sich ebenso darunter wie Versuche, be-stimmte Gefühle oder Seelenzustände abzubilden. Er war ein

Heimito von Doderer hat dieser Treppe in seinem Roman »Die Strudlhofstiege oder Melzer und die Tiefe der Jahre« 1951 ein literarisches Denkmal gesetzt.

Zeitgenosse von Schubert. Ergänzend zum Geburtshaus kann auch seine Sterbewohnung in Wien besichtigt werden.
Nußdorfer Straße 54 | Straßenbahn: Canisiusgasse | Tel. 3 17 36 01 | www.wienmuseum.at/de/standorte/schubert-geburtshaus.html | Di–So, Feiertag 10–13, 14–18 Uhr, 1. Jan., 1. Mai., 25. Dez. und alle Feiertage, die auf einen Montag fallen, geschl. | Eintritt 5 €, Kinder frei

11 LICHTENTALER PFARRKIRCHE nördl. D1
In dieser römisch-katholischen Kirche, in der 1714 das erste Hochamt stattfand, wirkte Franz Schubert. Sie wird deshalb auch als Schubertkirche bezeichnet. Seine Festmesse in F-Dur zum Kirchenjubiläum wurde hier 1814 uraufgeführt.
Marktgasse | U-Bahn: Friedensbrücke

◉ IM VORBEIGEHEN ENTDECKT

12 HUNDERTWASSER-MÜLLVERBRENNUNGS-ANLAGE nördl. D1
Farbenfrohes am Horizont: Aus der Ferne gut zu sehen ist die Müllverbrennungsanlage Spittelau mit ihrer auffällig bunten Fassade. Der einst graue und nüchterne Zweckbau wurde 1987 von Friedensreich Hundertwasser künstlerisch aufgewertet.
Spittelauer Lände 45 | Wien Spittelau Bahnhof

Essen und Trinken

① *Typischer Heuriger*
WEINSTUBE JOSEFSTADT D3
Wer sucht, der findet: Die Weinstube Josefstadt ist ein verstecktes kleines grünes Paradies mitten in der Stadt mit einem typischen Heurigenbüfett und guten österreichischen Weinen. Perfekt für einen gemütlichen Ausklang in den Abendstunden.
Piaristengasse 27 | U-Bahn: Rathaus | Tel. 4 06 46 28 | www.facebook.com/WeinstubeJosefstadt | tgl. 16–24, Küche bis 22 Uhr, Nov.–März geschl. | €

② *Beisl mit Charakter*
BLAUENSTEINER D3
Lust auf alt-österreichische Küche? Dann sind Sie in der Gastwirtschaft Blauensteiner richtig. Hier wird in typischer Beisl-Atmosphäre beispielsweise Kalbsherz in Wurzelcreme zu Keltenbier serviert – auf höchstem Niveau. Und es gibt auch Vegetarisches als Alternative zur klassischen fleischlastigen Küche.
Lenaugasse 1 | U-Bahn: Rathaus | Tel. 4 05 14 67 | https://gastwirtschaft-blauensteiner.eatbu.com | Mo–So 11–23.30 Uhr | €€

③ *Klosterkeller mit Weinschatzkammer*
PIARISTENKELLER D2/3
Zithermusik und Kerzenlicht sorgen in diesem Klosterkeller, in dem die Wiener Küche aus der Kaiserzeit serviert wird, für Atmosphäre. Im angeschlossenen Hutmuseum kann man – vor oder nach dem Essen – Kopfbedeckungen aus dem Habsburgerreich bewundern. Und in der Weinschatzkammer stößt man auf uralte Madeiraflaschen und andere edle Tropfen.
Piaristengasse 45 | U-Bahn: Rathaus | Tel. 4 06 01 93 | www.piaristenkeller.at | Mo–Sa 18–24 Uhr | €€

④ *Bester Tafelspitz im Schanigarten*
SCHNATTL D3
Wilhelm Schnattl ist ein Meister darin, Omas Rezepte neu und geschmackvoll zu interpretieren. Und er hat ein Händchen für Wiener Klassiker: Ein besserer Tafelspitz dürfte kaum zu bekommen sein. Sehr gemütlich ist der Schanigarten im Innenhof.
Lange Gasse 40 | U-Bahn: Rathaus | Tel. 4 05 34 00 | www.schnattl.com | Mo–Do 11.30–17, Fr 11.30–24 Uhr | €€

Ein Urgestein der Wiener Kaffeehausszene: Das Café Weimar besteht bereits seit dem Jahr 1900. Mittags gibt es günstige Tellergerichte, abends Livemusik.

⑤ *Essen im Kaffeehaus*
CAFÉ FLORIANI-HOF C2
Ein schnörkelloses und helles Kaffeehaus, in dem man auch günstig speisen kann: Nach dem Altwiener Erdäpfelgulasch gibt es Powidltascherl als Dessert. Wer hungrig nach Hause geht, ist selber schuld.
Florianigasse 45 | U-Bahn: Josefstädter Straße | Tel. 4 02 48 42 | www.florianihof.at | Mo–Fr 7.30–22, Sa, So 9–19 Uhr | €

⑥ *Künstlertreffpunkt mit Livemusik*
CAFÉ-RESTAURANT WEIMAR D1
Hier finden sich Gäste und Künstler der nahen Volksoper ein. Und das hat Tradition: Das Kaffeehaus gibt es bereits seit dem Jahr 1900. Im historischen Ambiente spielt allabendlich ein Pianist. Das muss man mal erlebt haben.
Währinger Str. 68 | U-Bahn: Währinger Straße | Tel. 3 17 12 06 | www.cafeweimar.at | Mo–Fr 8–23.30, Sa–So 8.30–23.30 Uhr | €

Einkaufen

⑦ *Rare Antiquitäten entdecken*
VERTIKO D3
Biedermeier, Jugendstil, Wiener Werkstätte – im Vertiko kann man herrlich zwischen Antiquitäten stöbern und findet vielleicht auch das eine oder andere schöne Schmuckstück für sich selbst.
Lerchenfelderstr. 30 | Straßenbahn: Strozzigasse | www.vertiko.at | Mo–Fr 10.30–12.30, 15–18, Sa 10.30–13 Uhr

⑧ *Elegant und zeitlos*
SI ITALIENISCHE SCHUHE C3
Vom High Heel bis zum Stiefel – wer die schönsten Schuhe der Stadt sucht, wird sicher fündig. Denn das ist ein echter Geheimtipp von Wienerinnen: Bei SI bekommen Fashionistas Schuhe von kleinen italienischen Manufakturen – zeitlos und elegant.

Josefstädterstr. 35 | U-Bahn: Rathaus | https://si-scarpe-italiane.business.site | Mo–Fr 10–19, Sa 10–14 Uhr

⑨ *Für Kaffeeliebhaber*
WIENER RÖST-HAUS C3
Kaffeehauskultur zum Mitnehmen: Hier gibt es Kaffeebohnen aus aller Welt, geröstet nach Wiener Tradition. Aber man findet auch allerlei Zubehör und feinen Tee.

Tigergasse 33 | Straßenbahn: Albertgasse | www.wienerroesthaus.at | Mo–Fr 10–18, Sa 9–13 Uhr

⑩ *Ort der schönen Dinge*
HANNIBAL nördl. D1
In diesem lässigen Lifestyle-Shop werden lauter schöne und köstliche Dinge für zu Hause verkauft – inzwischen bereits auf mehreren Standorten in der Stadt. Dahinter steckt der Weltenbummler Kurt Spet mit einem feinsinnigen Gespür für Design.

Alserbachstr. 5 | Straßenbahn: Nußdorfer-/Alserbachstraße | Tel. 66 44 27 93 94 | www.hannibal-wien.at | Mo–Fr 10–18.30, Sa 10–18 Uhr

⑪ *Schoko-Manufaktur*
XOCOLAT E1
Naschkatzen aufgepasst! In der Schokoladenmanufaktur kann man bei Workshops selbst eigene Lieblingspralinen herstellen und nebenbei allerlei Köstlichkeiten probieren. Keine Lust auf Selbermachen? Dann einfach fertige Schokoladen mitnehmen!

Servitengasse 5 | Straßenbahn: Schlickgasse | www.xocolat.at | Mo–Fr 10–18, Sa 9–13 Uhr

⑫ *Alles rund um Blumen*
ZWEIGSTELLE E1
Florales üppig und bunt inszeniert wie im Barock: Wer nach Blumen und schönen Dingen zum Wohnen und Verschenken sucht, wird in der Zweigstelle fündig – und staunt über die Inszenierung in dem hippen wie edlen Concept Store.

Porzellangasse 4 | U-Bahn: Schottentor | Tel. 3 15 66 98 | www.zweigstelle.com | Mo–Fr 9–18, Sa 9–13 Uhr

JENSEITS DES ZENTRUMS

Von Schönbrunn bis zum Lainzer Tiergarten, über die Weinberge von Grinzing oder zu den Jagdschlössern des Marchfelds: Wer über die Stadtgrenzen hinauslugt, wird belohnt. Nicht nur mit herrlichen Aussichten, sondern auch mit genussvollen Verlockungen aus den Weinkellern.

Im **Wienerwald** bäumen sich die Alpen ein letztes Mal auf, bevor sie sich im Becken der Donau verlieren. Denn eigentlich ist der Wienerwald kein Wald, sondern vielmehr der Name des letzten Gebirges vor der Pannonischen Tiefebene. Er steht unter Naturschutz und wurde damit – zumindest teilweise – vor der »Eroberung« durch immer neue Stadtviertel geschützt. So ist Wien von einem dichten Waldgürtel umgeben, der als Naherholungsgebiet für seine Einwohner dient. Einige Wiener Bezirke befinden sich zum Teil im Wienerwald. Zu Hietzing, dem 13. Bezirk, gehören Teile des Wienerwalds und der große Schlosspark von **Schönbrunn**. Die Nähe zu Schönbrunn, der Sommerresidenz der Habsburger, hat bis 1900 dazu geführt, dass sich viele Adelsfamilien und hohe Beamte hier niederließen, und nach wie vor gelten Althietzing, Lainz und St. Veit als Wohngebiete der betuchten, alteingesessenen Wiener – ebenso wie Döbling weiter im Norden. Heute sind das wunderbare Gegenden für erholsame Spaziergänge und genussvolle Pausen.

Der Norden Wiens – vor allem das westliche Donauufer, aber auch Stammersdorf und Streberdorf im Nordosten – steht ganz im Zeichen des Weins: Im Bezirk **Döbling**, in **Grinzing** und **Nußdorf** an den Ausläufern des Wienerwalds befinden sich einige der renommiertesten Weinlagen Wiens und ganz Österreichs. Diese Tradition hat sich bis heute erhalten, und man kann sie besonders in den Sommer- und Herbsttagen in den **Buschenschenken** spüren. Aber die Weinberge sind auch genau das Richtige für kurze Stadtfluchten hinaus ins

Vom Kahlenbergerdorf haben Besucher einen fantastischen Blick auf die Wiener Weinstöcke und die Donau. Reizvolle Wanderwege durchziehen die Gegend.

Grüne. Hier können Sie wunderbar wandern und Ausblicke auf die Skyline Wiens genießen wie beispielsweise am **Kahlenberg** oder am **Cobenzl**. Aber auch so mancher kultureller Schatz wartet auf Entdecker außerhalb des Zentrums.

Stift Klosterneuburg im Norden Wiens ist mit öffentlichen Verkehrsmitteln leicht zu erreichen und beeindruckt mit seiner mehr als 900-jährigen Geschichte. In dem imposanten Augustiner-Chorherrenstift befinden sich nicht nur prunkvolle Räume, sondern auch die Schatzkammer und der barocke Weinkeller des ältesten Weinguts Österreichs. Gen Osten im Marchfeld öffnen zahlreiche Schlösser ihre Tore für Besucher. Die einstigen **Jagd-** oder **Sommersitze**, u. a. von Prinz Eugen oder Maria Theresia, sind auch ohne Auto zu erreichen: Es gibt vom Bahnhof Marchegg einen kostenlosen Busshuttle zu Schloss Hof und Schloss Niederweiden. Damit lässt sich das Umland von Wien günstig und umweltfreundlich erkunden. In jedem Fall ist ein Ausflug in die Außenbezirke der Stadt eine willkommene Abwechslung und ein schönes Alternativprogramm zu den touristischen Hotspots in der Inneren Stadt.

Das Stift Klosterneuburg beeindruckt nicht nur durch seine kulturellen Schätze.
Im Weinkeller lagern edle Tropfen aus dem ältesten Weingut Österreichs.

Sehenswertes

14 MERIAN EMPFEHLUNG

COBENZL nördl. A1

Der Cobenzl, der eigentlich **Reisenberg** heißt, ist ein beliebtes
Ausflugsziel mit einer wunderbaren Aussicht über Wien. Der
umgangssprachliche Name geht auf Graf Philipp von Cobenzl
zurück. Er kaufte vom Jesuitenorden das Grundstück auf dem
Reisenberg und baute die Gebäude zu einem Schloss mit einer
Meierei um. Die Produkte der Meierei wurden auch in der
Stadt verkauft, und dadurch gab der Volksmund dem Reisenberg dem Namen Cobenzl. Schon im 19. Jh. spazierte hier die
feine Gesellschaft und nächtigte im Schlosshotel zwischen den
Weinreben. In den 1960er-Jahren wurde das Schlosshotel, das
durch die Weltkriege stark in Mitleidenschaft gezogen worden
war, abgerissen. Heute gibt es dort, wo einst das Schloss stand,
eine parkähnliche Terrasse. Sie eignet sich als Aussichtspunkt
und ist ideal für Wanderungen in die nähere Umgebung.

Am Cobenzl | U-Bahn: Heiligenstadt, dann Bus 38A bis Cobenzl

170

KAHLENBERG nördl. A1

Der Kahlenberg mit seinen 484 m ist der Hausberg der Wiener: An klaren Tagen hat man nicht nur einen herrlichen Blick über Wien, sondern man kann sogar die Gipfel des 2076 m hohen Schneebergs und der kleinen Karpaten erkennen. Vor der Josefskirche wurde eine schöne Aussichtsterrasse mit Restauration errichtet. Die **Sobieski-Kapelle** in der Kirche mit der Schwarzen Madonna zieht vor allem polnische Pilger an. Sie erinnert an die Rettung der Stadt Wien vor dem osmanischen Heer 1683. Einem Entsatzheer unter dem Polenkönig Sobieski war es damals gelungen, den Vormarsch der Türken in Europa aufzuhalten.
Am Kahlenberg | Bus: Kahlenberg

STIFT KLOSTERNEUBURG nördl. A1

Auf eine mehr als 900-jährige Geschichte kann das Stift Klosterneuburg zurückblicken. Der Markgraf und später heiliggesprochene Landespatron Leopold III. stiftete seinerzeit ein Kloster, denn er wünschte sich ein würdiges Gotteshaus. Die **Stiftskirche** überstrahlte in der Folge alle anderen Kirchen des Landes und etablierte sich als religiöses, soziales und kulturelles Zentrum. Das imposante Gebäude erkunden Sie am besten bei einer Führung, die die unterschiedlichen Facetten des weitläufigen Areals aufzeigt – die Sala terrena, einen unvollendeten Gartensaal mit den Atlanten von Lorenzo Mattielli, das beeindruckende Museumstor, den bis zu 36 m tiefen Weinkeller des größten und ältesten Weinguts Österreichs und die Schatzkammer des Stifts. Immer wieder sind im Stift auch Ausstellungen junger zeitgenössischer Künstler zu sehen.
Stiftspl. 1 | Tel. 22 43 41 10 | www.stift-klosterneuburg.at | 18. Nov.–April tgl. 10–16 Uhr | Mai–17. Nov. tgl. 9–18 Uhr | Eintritt 9 €

ERNST FUCHS MUSEUM westl. A3

Das pittoreske Sommerhaus des Architekten Otto Wagner in Hütteldorf ist heute einem der wichtigsten Vertreter des Wiener Phantastischen Realismus gewidmet, dem Maler und Bildhauer Ernst Fuchs (1930–2015). Hier findet man eine permanente Ausstellung seiner Werke, im **Skulpturenpark** kann man sich sogar ins Innere einer Plastik – des Brunnenhauses – wagen. Schon die Architektur der Wagner-Villa ist absolut sehenswert. Hüttelbergstr. 26 | U-Bahn: Hütteldorf, Bus: Camping West | www.ernst fuchsmuseum.at | Di–So 10–16 Uhr | Eintritt 11 €

KIRCHE AM STEINHOF westl. A3

Das Gotteshaus, der schönste Kirchenbau des 20. Jh. in Wien, steht auf der **Baumgartner Höhe**, einem Hügel des Wienerwaldes, und seine kupferne, byzantinisch anmutende Kuppel ragt über die umliegenden Gebäude hinaus. Viele Wiener erinnert die Form der Kuppel an eine Zitrone. Deshalb wird die Baumgartner Höhe auch oft als »Lemoniberg« bezeichnet.

In der ehemaligen »Niederösterreichischen Landesirrenanstalt« (später Psychiatrisches Krankenhaus der Stadt Wien und heute Otto-Wagner-Spital), die damals als eine der größten und modernsten psychiatrischen Kliniken Europas galt, schuf Otto Wagner von 1904 bis 1907 ein Hauptwerk des Jugendstils – die Kirche am Steinhof. Das Bauwerk gilt als der erste Kirchenbau der Moderne in Europa. Das in strenger Form gehaltene Innere mit den Glasmosaiken von Koloman Moser wurde ebenso wie die Kuppel aufwendig renoviert.

Bei der Planung berücksichtigte Otto Wagner die Bedürfnisse der Patienten. So befinden sich in der Kirche u. a. auch ein Arztzimmer und Toiletten. Die Kirchenstühle hatten keine scharfen Kanten, damit sich niemand verletzte. Und um die Infektionsgefahr zu verringern, verzichtete er auf ein klassisches Weihwasserbecken. Stattdessen tropfte das Weihwasser von oben herab. Alles war genau durchdacht. Baumgartner Höhe 1 | U-Bahn: Ottakring, dann Bus: Baumgartner Höhe | Tel. 9 10 60 01 10 07 | www.wienkav.at/kav/ows | Sa 16–17, So 12–16 Uhr | Eintritt 5 €

TECHNISCHES MUSEUM westl. A5

Inzwischen werden in so manchem Museum Blitze erzeugt. Doch im Technischen Museum in Wien machen sie beim Entladen auch noch Musik. Und so ist statt des typischen Knisterns schon mal ein Walzer zu hören. Das ist nicht die einzige

Eine spannende Reise durch die Zeit ermöglicht das Technische Museum. Besucher werden vielerorts zum Mitmachen und Selbst-Ausprobieren aufgefordert.

Überraschung, die die Besucher erwartet. Auf rund 22 000 m² Ausstellungsfläche kann Technik aus der Innenperspektive heraus erlebt werden. Die einen sind begeistert von der über 100-jährigen Dampflok, die anderen probieren lieber selbst etwas im Tech-Labor aus oder arbeiten mit Robotern an Produkten der Zukunft. Langweilig wird es jedenfalls nicht, auch nicht für Kinder. Neben den Dauerausstellungen werden laufend neue Themenspecials organisiert. Eine Zeitreise in die Vergangenheit ist die Führung durch das älteste **Schaubergwerk** Europas, welches direkt im Museum liegt. Das Erstaunliche dabei: Alle Maschinen sind noch immer voll einsatzfähig und zeigen anschaulich, wie einst in Österreich Kohle abgebaut wurde. Das Technische Museum selbst ist über ein Jahrhundert lang gewachsen. Denn der Grundstein für das Haus wurde bereits 1909 von Kaiser Franz Joseph I. gelegt. Heute ist daraus ein modernes und interaktives Museum geworden, das für Groß und Klein spannende Erlebnisse bereithält.
Mariahilfer Str. 212 | Straßenbahn: Penzinger Straße | Tel. 89 99 80 | www.technischesmuseum.at | Mo–Fr 9–18, Sa, So, Feiertag 10–18 Uhr | Eintritt 14 €, Kinder frei

Indian Summer im Schlosspark Schönbrunn: Egal, zu welcher Jahreszeit, ein Spaziergang entlang der Alleen ist immer wunderschön und ein Erlebnis für alle Sinne.

PALAIS CUMBERLAND westl. A5

1867 wurde das ursprünglich 1745 erbaute Palais mit einem Nachbarhaus zur prachtvollen Residenz von König Georg V. von Hannover umgebaut. Nach der Niederlage bei Königgrätz war dieser vertrieben worden und lebte unter dem Titel Herzog von Cumberland im österreichischen Exil. Der Garten des Palais ist ein ehemaliger Exerzierplatz der Kavallerie. In den Gebäuden haben heute die Botschaft der Tschechischen Republik und das Max-Reinhardt-Seminar, die berühmte Schauspielschule, ihren Sitz (nur von außen zu besichtigen).
Penzinger Str. 11 | U-Bahn: Hietzing

MERIAN TOP 10

SCHLOSS UND SCHLOSSPARK SCHÖNBRUNN westl. A6

Bis ins Mittelalter zurück reicht die lange Geschichte von Schönbrunn. 1569 kam das Anwesen in den Besitz der Habsburger und wurde stetig ausgebaut, bis es schließlich als strahlende Sommerresidenz des habsburgischen Kaiserhauses diente. Das Schloss ist umgeben von einem weitläufigen **Schlosspark**, in dem u. a. auch Wagenburg, Irrgarten und Tierpark zu finden sind. Der Park wurde im hochsymmetrischen Stil eines französischen Gartens angelegt und wird von den Wienern gern zum

174

Spazieren oder Joggen genutzt. Vom Schloss führen sternförmig breite Alleen in die verschiedenen Bereiche, die immer wieder durch kleine Plätze mit Brunnen oder Skulpturen verziert sind. Stundenlang kann man durch den Park lustwandeln. In der Gloriette, einem Siegesdenkmal auf dem höchsten Punkt der Parkanlage, am Plateau des Schönbrunner Berges, ist ein sehr stimmungsvolles Café untergebracht.

Das **Palmenhaus** ist das letzte und größte seiner Art in Europa und besteht aus über 45 000 Glasscheiben. Erbaut wurde es 1882 im Auftrag von Kaiser Franz Joseph I. Es ist 111 m lang, 28 m breit und 25 m hoch und beherbergt nach wie vor eine Vielzahl mediterraner und auch tropischer Pflanzen sowie die größte Seerose der Welt und über 20 m hohe Palmen. Ein Paradies für Gartenliebhaber und Blumenfreunde.

Der **Tierpark** ist der älteste bestehende Zoo der Welt. Kaiser Franz I. ließ ihn 1752 errichten. Neben den klassischen Tiergehegen gibt es ein Tiroler Bauernhaus mit Tieren zum Streicheln und einem eigenen kleinen Zoo für seltene österreichische Nutztierrassen. Zu den jüngsten Neuerungen zählen das Koalahaus und das neue Affenhaus, in dem die Orang-Utans zu Hause sind. Im Regenwaldhaus können Sie die Tier- und Pflanzenwelt Borneos erforschen und Flugfüchse beobachten. Und vom Baumwipfelweg, der in den Bäumen des Tiergartens errichtet wurde, hat man einen herrlichen Ausblick über die Stadt.

Schönbrunner Schlossstr. 47–49 | U-Bahn: Schönbrunn | www.schoenbrunn.at | April–Juni, Sept., Okt. 8–17.30, Juli, Aug. 8–18.30, Nov.–März 8–17 Uhr | Ticket Imperial Tour 16 €, Kinder 11,50 €; Ticket Grand Tour 20 €, Kinder 13 €

Tierpark | U-Bahn: Schönbrunn bzw. Hietzing | www.zoovienna.at | Feb. 9–17, März 9–17.30, April–Sept. 9–18.30, Okt. 9–17.30, Nov.–Jan. 9–16.30 Uhr | Eintritt 20 €, Kinder 10 €

Schlosspark | tgl. ab 6.30 Uhr | Eintritt frei, Kronprinzengarten und Orangeriegarten 4,50 €

Irrgarten | Eintritt 6 €, Kinder 3,20 €

Palmenhaus | Mai–Sept. 9.30–18, Okt.–April 9.30–17 Uhr | Eintritt 6 €

Wagenburg | www.khm.at | Mai–Okt. 9–18, Nov.–April 10–16 Uhr | Eintritt 9,50 €, Kinder frei

Intime Einblicke in das Zuhause von Sisi und Franz

Eine Homestory mit dem Kaiserpaar? Ungewöhnlich, aber warum nicht? Kaiserin Elisabeth und ihr Gemahl Franz Joseph würden dazu wohl ins **Schloss Schönbrunn** laden. Schließlich diente die Sommerresidenz mit ihren 1441 Zimmern schon seit Maria Theresia repräsentativen Zwecken. Wohl auch ein Grund, warum sich heute Scharen von Touristen durch die 40 Räume drängen, die öffentlich zugänglich sind. Darunter sind auch ein paar Wohnräume des Kaiserpaars und die Appartements von Maria Theresia. Keine Frage, der Glanz und Prunk von Schönbrunn beeindrucken. Doch noch viel spannender sind die Geschichten aus dem hochherrschaftlichen Alltag. Und diese lassen sich am besten anhand von höfischem Hausrat erzählen.

Pferde, Kutschen und Wagen waren über Jahrhunderte hinweg ein wichtiges Statussymbol für die Habsburger. Einige ihrer schönsten Fuhrwerke sind in der **Wagenburg** vis-à-vis von Schloss Schönbrunn zu sehen, darunter die Hochzeitskutsche und der Leichenwagen von Sisi oder der Reiseschlafwagen von Franz. Es gibt aber noch einen Grund für einen Abstecher in die Wagenburg: Hier ist eines der seltenen hellen Kleider von Sisi ausgestellt. Der dazupassende Schmuck lagert in der Schatzkammer in der Hofburg. Dort lebte das Kaiserpaar nämlich im Winter. Und weil bei den ständigen Umzügen immer wieder Gegenstände ausgemustert werden, liegt auf halbem Weg von Schönbrunn zur Hofburg das **Hofmobiliendepot**. Sozusagen die Rumpelkammer der Monarchie und Fundgrube für allerlei Kuriositäten.

Ganze 165 000 Objekte machen das Hofmobiliendepot Möbel Museum Wien, wie es mit vollem Namen heißt, zu einer der umfangreichsten Möbelsammlungen der Welt, mit Fokus auf den Interieurs der Habsburger.

Was im habsburgischen Zuhause keinen Platz mehr fand, wurde hier gelagert. Ein eigener Hofmobilieninspektor küm-

Ausflug in die Vergangenheit: Auf Schloss Schönbrunn können die Wohnräume von Kaiser Franz Joseph und seiner Gemahlin Elisabeth besichtigt werden.

merte sich um die Pflege der Möbel. Heute ist es eines der größten Möbelmuseen der Welt und gewährt intime Einblicke ins höfische Leben – angefangen von der aufwendig geschnitzten Wiege von Kronprinz Rudolf bis hin zum Käfig von Bibi und Büberl, den Kanarienvögeln des Kaisers. Ein eigener Bereich ist den Sissi-Filmen mit Originalen vom Set gewidmet. Kurzweilig und unterhaltsam sind kostümierte Sonderführungen durch das Hofmobiliendepot. So plaudert zum Beispiel Eugen Ketterl, der Leibkammerdiener von Kaiser Franz Joseph, so manches Geheimnis seiner Majestät aus. Der hatte in der **Hofburg**, genauso wie seine Gemahlin, ein eigenes Appartement. Sein privates Refugium war etwas schlichter als die offiziellen Repräsentationsräume, doch für die damalige Zeit mit reichlich Luxus ausgestattet. So hatten es Sisi und Franz in der Hofburg angenehm warm. Denn bereits ab 1824 wurden im Gebäude Rohrleitungen zur Beheizung mit Heißluft installiert. Ab 1891 hatte das Kaiserpaar Strom im Appartement und konnte auf das romantische Kerzenlicht verzichten. Sisi sehnte sich trotz allem nach dem Süden. Überall sind Gemälde und Skulpturen mit mediterranen Motiven zu sehen – auch im **Großen Salon** der Kaiserin, wo sie Gäste empfing oder mit Franz frühstückte. Alles streng nach dem Wiener Hofzeremoniell.

15 MERIAN EMPFEHLUNG

LAINZER TIERGARTEN MIT HERMESVILLA westl. A6

Der Lainzer Tiergarten ist kein Zoo, sondern ein unter Naturschutz stehendes ehemaliges kaiserliches Jagdrevier im Westen Wiens, in dem Rehe, Hirsche und Fasane gehalten werden. In erster Linie dient der Lainzer Tiergarten den Wienern mit seinen Wanderwegen und Aussichtspunkten als Naherholungsgebiet. Die Aussichtswarte **Rudolfshöhe** liegt auf 472 m. Das Besucherzentrum beim Lainzer Tor informiert über Flora und Fauna und organisiert Führungen und Exkursionen.

Der Haupteingang des Tiergartens führt durch das Lainzer Tor, von dort erreicht man in knapp 20 Minuten zu Fuß – oder schneller mit der Pferdekutsche – die **Hermesvilla**. Das ehemalige »Schloss der Träume« von Kaiserin Elisabeth ist heute ein Museum, in dem u. a. das prunkvolle Schlafgemach der Kaiserin und ihr Turnzimmer, in dem Elisabeth täglich ihre Leibesübungen absolvierte, zu sehen sind (www.wienmuseum. at, März–Okt. Di–So, Feiertag 10–18 Uhr, Eintritt 7 €).

Lainzer Tiergarten | Bus: Lainzer Tor | Tel. 4 00 04 92 00 | www.lainzertiergarten.at | Jan. 9–17, Feb. 9–18, März 8–18.30, April 8–20.30, Mai–Juli 8–21, Aug. 8–20, Sept. 8–19, Okt. 8–18, Nov.–Dez. 8–17 Uhr

WOTRUBAKIRCHE südwestl. A6

Von brutal über einfach und harmonisch bis zu provokant wird die Kirche zur Heiligsten Dreifaltigkeit am Georgenberg in Wien-Mauer bezeichnet. Das hat sie wohl ihrem eigenwilligen Aussehen zu verdanken. Denn ihre Fassade besteht aus 152 unterschiedlich großen kubischen Betonblöcken, errichtet nach Entwürfen des Wiener Bildhauers Fritz Wotruba (1907–1975). Durch die schmalen Fensteröffnungen zwischen den Betonblöcken überkreuzen sich die Lichtstrahlen im Inneren und sorgen für eine besondere Atmosphäre. Aber auch wenn die Kirche geschlossen ist, lohnt es sich hierherzuspazieren, vor allem in der Dämmerung. Dann wird das Bauwerk beleuchtet, und die Architektur kommt stimmungsvoll zur Geltung.

Mauer, Georgsgasse | S-Bahn: Atzgersdorf-Mauer, Bus: Kaserngasse | www.georgenberg.at | Sa 14–20, So 9–16.30 Uhr

Eine morbide Schönheit ist der Wiener Zentralfriedhof mit seinen zahlreichen Ehrengräbern. Ein Museum informiert über die Wiener Bestattungskultur.

ANKERBROT-FABRIK südl. H6

Eine ehemalige Brotfabrik beherbergt heute mehrere Institutionen für zeitgenössische Kunst. Die Ateliers und Galerien sind rund um die Innenhöfe des Industriebaus gruppiert. So betreibt etwa die **Galerie Ernst Hilger** zwei große Ausstellungsflächen mit zeitgenössischer Kunst. In der **Galerie OstLicht** kommen Fotofreunde auf ihre Kosten, und auch die **Galerie Anzenberger** (→ S. 133) hat sich auf Fotografie spezialisiert. Dazu kommen zahlreiche Kulturveranstaltungen.

Absberggasse 27 | U-Bahn: Reumannplatz | www.brotfabrik.wien

ZENTRALFRIEDHOF südl. K6

3 Mio. Wiener haben hier ihre letzte Ruhestätte gefunden und 2000 Ehren- und Prominentengräber sorgen dafür, dass der Zentralfriedhof auch ein beliebtes Ausflugsziel der Bevölkerung ist. Die Stile der Grabstellen sind vielfältig, manche brauchen selbst einen Vergleich mit dem Ringstraßen-Prunk nicht zu scheuen. Passenderweise hat seit wenigen Jahren auch das **Wiener Bestattungsmuseum** am Zentralfriedhof seinen Sitz.

Simmeringer Hauptstr. 234 | S-Bahn: Zentralfriedhof, Straßenbahn: Tor 1, Tor 2, Tor 3 | www.zentralfriedhof.at | Mai–Aug. tgl. 7–20, März, Okt.–Nov. 7–18, April 7–19, Nov.–Feb. 8–17 Uhr

DIE WIENER UND DER TOD

Schöne Leichen, Klappsärge und Telefonengel

Ein Wiener wird geboren, um danach über den Tod nachzudenken und sein Begräbnis als Höhepunkt seines Lebens zu arrangieren. So ähnlich erklärte der Oscar-Preisträger Christoph Waltz in einer US-Talkshow das besondere Verhältnis der Wiener zum Tod. »Wir sind besessen vom Tod. Auch von der Schönheit und der Feier. Begräbnisse sind unsere glücklichsten Momente«, sagte der Wiener Schauspieler. Es ist eine Tradition, die weit zurückreicht und durchaus von den Habsburgern geprägt wurde. Damals waren die langen Leichenzüge durch die Stadt mit anschließendem Leichenschmaus ein riesiges Spektakel.

Begräbnisse waren gesellschaftliche Ereignisse, bei denen man einfach dabei sein musste. Sogar Fenster mit den besten Ausblicken wurden an Zuschauer vermietet. Die Wiener legten großen Wert auf »a schöne Leich«. Und deshalb kam auch die Idee von Kaiser Joseph II., einen »Sparsarg« einzuführen, gar nicht gut beim Volk an. Der josephinische Sarg hatte eine Klappe am Boden, durch den der Verstorbene ins Grab fiel. Damit konnte ein und derselbe Sarg für mehrere Begräbnisse verwendet werden. Praktisch, aber unbeliebt. Weitere »innovative« Sargmodelle und andere Objekte rund um den Tod sind im **Bestattungsmuseum** am Zentralfriedhof zu sehen.

Asiatische Besucher lassen das Museum meist links liegen und laufen schnurstracks zu den **Ehrengräbern**. Dort werden dann Selfies mit den Grabsteinen der Berühmtheiten gemacht. Beliebte Fotomotive sind die letzten Ruhestätten von Mozart, Brahms, Beethoven, Schubert, aber auch von Falco oder Udo Jürgens. Rund 1000 Persönlichkeiten aus Musik, Literatur, Wissenschaft, Architektur, Malerei, Schauspiel, Sport oder Politik sind am Zentralfriedhof bestattet. Ein eigener Plan lotst die Fans durch den ausgedehnten Park zu Ehrengräbern bei Tor 2. Wer möchte, kann am Zentralfriedhof stundenlang durch beschaulich-romantische Alleen wandeln. Schließlich erstreckt sich dieser auf rund 2,5 Quadratkilometer Fläche und ist mit rund 330 000 Gräbern und drei Millionen bestatteten Menschen der zweitgrößte Friedhof Europas. Als Begräbnisstätte dient der Zentralfriedhof Christen verschiedenster Konfessionen, Juden, Moslems und Buddhisten. Somit ist er auch ein multikultureller Treffpunkt, vor allem an den Wochenenden. Geheimnisvoll und atmosphärisch ist es am **Alten Jüdischen Friedhof**, der bereits seit 1877 für Bestattungen genutzt wurde. Die Gräber sind reich verziert, Statuen von Efeu umrankt, die Wege malerisch verwildert.

Der Tod, das muss ein Wiener sein. (Georg Kreisler, Komponist und Dichter, 1922–2011)

Für den Kulturanthropologen und Funeralexperten Dr. Wittigo Keller ist ein Spaziergang durch einen Friedhof wie Landschaftspoesie. In aller Ruhe könne man sich der Ästhetik des Ortes hingeben und die Kunst auf den Gräbern bestaunen. Skulpturen und Grabsteine sind aufwendig gestaltet, Grüfte in guter Lage teuer und pompös ausgestattet. Aber nicht nur der Zentralfriedhof ist sehenswert. Auch der aufgelassene Friedhof **St. Marx** oder der **Friedhof der Namenlosen** im Alberner Hafen, wo unbekannte Wasserleichen aus der Donau begraben sind, zählen zu den schaurig-schönen Plätzen Wiens.

Friedhöfe sind ein Spiegelbild der Kultur. Sie sind eine Zeitreise in die Vergangenheit und lassen zugleich ein wenig in die Zukunft blicken. Die Funeralkultur verändert sich ständig. Bestattungen werden individueller und digitaler. Inzwischen sind auf Grabsteinen QR-Codes zu finden, aus der kremierten Oma wird im Hochdruckverfahren ein Diamant fürs Bauchnabelpiercing, und die Asche vom geliebten Ehemann wird mit einem Tattoo unter der Haut verewigt. Wer mit seinen Liebsten nach dem Begräbnis noch – wohl einseitigen – Kontakt halten möchte, kann sogar einen Telefonengel, ein Handy mit Lautsprecher, in den Sarg einbauen lassen. Allerdings hält der Akku nur für ein paar Monate. Wenn es um den Abschied vom Leben geht, werden die Menschen kreativ. Auch wenn sich die Rituale rund um den Tod verändern, die Wiener begegnen ihm immer noch mit Augenzwinkern und einer Portion Humor.

SCHLOSS LAXENBURG südl. C6

Der größte Landschaftsgarten Österreichs, eine romantische Burg mit Aussicht und prunkvollen Räume – Schloss Laxenburg hat seinen Besuchern einiges zu bieten. Immerhin reicht seine Geschichte bis weit ins 13. Jh. zurück und erlebte während der Habsburgerdynastie eine wahre Blüte. Schon früh wurden Lustgärten und Tiergehege angelegt. Neben den berühmt-berüchtigten Falkenjagden gab es Theateraufführungen und Konzerte. Das **Schlosstheater** wird immer noch für Veranstaltungen sowie den Kultursommer genutzt, und im September tauchen Besucher beim großen Ritterfest hoch zu Ross in vergangene Zeiten ein. Außerhalb der Hauptsaison steht der **Schlosspark** für lange Spaziergänge offen.

Wer den gesamten Schlosspark erkunden will, muss schon ein paar Stunden Zeit einplanen. Bei einem Rundgang kommen Sie beim Alten Schloss, am Blauen Hof, am grünen Lusthaus, am Waldbad, an einem chinesischen Pavillon, einem ehemaligen Eiskeller, einer Grotte und der Rittergruft vorbei. Die Parkanlage ist wunderschön angelegt, mit vielen lauschigen Plätzchen. Ein Höhepunkt im Schlosspark ist die **Franzensburg**, ein »Gartenhaus im altdeutschen Stile«. Zu Fuß ist die Franzensburg in einer guten halben Stunde erreichbar, alternativ auch mit einem niedlichen Bummelzug. Im Inneren der märchenhaften Burg ist heute ein kleines Schatzhaus mit Museum untergebracht, das spannende Einblicke in die Geschichte und das Leben der Familie gibt. Im Habsburgersaal stehen unter einem beeindruckenden Gewölbe 17 lebensgroße Marmorstatuen der Dynastie. Im Empfangssaal hingegen ist die dunkle Mystik des Mittelalters zu spüren. Die Kapelle wurde mit dem Marmor der ehemaligen Capella Speciosa aus Klosterneuburg ausgekleidet. Damit sind hier Teile der ältesten gotischen Kapelle Österreichs bewahrt worden.

In jedem Fall lohnt es auch, die 160 Stufen auf den **Turm** hinaufzusteigen, von oben haben Sie einen herrlichen Rundumblick. An schönen Tagen reicht dieser bis nach Wien, weit hinein in den Wienerwald und bis zum Schneeberg. Davon waren die Gäste bereits vor 200 Jahren begeistert.

Mitten im größten Landschaftsgarten Österreichs liegt Schloss Laxenburg mit der alten Franzensburg, einer Wasserburg, zu der man mit der Fähre übersetzt.

Zur Franzensburg übersetzen lässt sich mit einer Fähre, die bereits 1806 gebaut wurde, heute jedoch elektrisch betrieben wird. Die Technik mithilfe von Fahr- und Zugseilen, an der sich nichts geändert hat, macht die Überfahrt zum Erlebnis.
Schlosspl. 1, Laxenburg | Tel. 2 23 67 12 26 | www.schloss-laxenburg.at | Museumsführungen 30. März–10. Nov. tgl. 11, 12, 14, 15 Uhr, Schlosspark tgl. Sonnenaufgang bis Sonnenuntergang | Eintritt 2,60 €, Kinder 1,50 €, Fähre zur Franzensburg 0,60 €

SCHLOSS HOF östl. K3

Prinz Eugen von Savoyen machte aus dem Kastell aus dem 17. Jh. ein Prunkstück mit herrlichem Garten, der während der letzten Jahre wieder originalgetreu angelegt wurde. Auch die weißen Barockesel gibt es hier wieder. Später wurde das Schloss zum Landsitz von Maria Theresia. Ihre Gemächer können heute besichtigt werden, ebenso wie eine Ausstellung über Prinz Eugen. Die **Parkanlage** des Schlosses ist rund 70 ha groß und damit die größte österreichische Schlossanlage im Land. Im Barockgarten wandeln Besucher zwischen imposanten Brunnenanlagen und unzähligen Skulpturen umher, sieben Terrassen führen hinab zum Fluss March und können als Gesamtkunstwerk erlebt werden. Wobei die letzte Terrasse erst

DER WIENERWALD

Ein grüner Gürtel als Klimaschutz, Lebensraum und Freizeitpark

Wo sich Wien von den Donauufern und den Ebenen des Wiener Beckens nach Westen streckt, beginnt der Wienerwald als grüner Ausläufer des Alpenvorlands. Die sanften Hänge und Hügel – die höchste Erhebung ist der **Schöpfl** mit 893 Metern – sind heute für die Stadt und ihre Bewohner eine einzigartige Natur- und Kulturlandschaft und wurden 2005 von der UNESCO zum Biosphärenpark ernannt. 9900 Hektar davon liegen sogar im Stadtgebiet und schließen die Bezirke Liesing, Hietzing, Penzing, Ottakring, Hernals, Währing und Döbling mit ein. Diese Bezirke sind damit auch ausgezeichnete, mit öffentlichen Verkehrsmitteln bestens erreichbare Ausgangspunkte für Spaziergänge und Wanderungen in dem Naherholungsgebiet. Gut markierte Wege führen bis zu den Hausbergen der Wiener, wie dem **Leopoldsberg**, dem **Hermannskogel** oder dem **Kahlenberg** mit seiner 1887 errichteten Stefaniewarte.

Zu Österreich kam der Wienerwald im 11. Jahrhundert, als Schenkung an die Babenberger. Erschlossen wurde er von neu gegründeten Klöstern wie Klosterneuburg, Heiligenkreuz oder Mauerbach, die jedoch einem Rodungsverbot unterlagen, war doch das Gebiet ein wichtiges Jagdrevier. 1512 erhielt der Wienerwald seine erste Waldordnung, 1870 wäre es ihm fast an den Kragen gegangen. Preußen hatte Österreich 1866 besiegt, Geld war knapp. Der Verkauf des Wienerwalds an den Holzhändler Moritz Hirschl sollte Geld in die Staatskassen spülen.

Heute ist der Wald auch Lebensraum für viele gefährdete Pflanzen- und Tierarten, etwa für den fast ausgestorbenen Habichtskauz und die höchst seltene Smaragdeidechse – zu beobachten bei einer Führung, etwa am »Tag der Artenvielfalt«.

1350 Quadratkilometer groß ist der Wienerwald. Das Erholungsgebiet steht heute unter Naturschutz und ist die grüne Lunge Wiens.

Schloss Hof begeistert als ehemaliger Landsitz von Maria Theresia mit seiner riesigen barocken Gartenanlage und prunkvollen Innenräumen.

im Frühjahr 2019 fertiggestellt und damit das imperiale Vergnügen vollendet wurde. Pfade führen zum **Gutshof**, der zu den größten barocken Gutshöfen Europas zählt. Hier sind auch selten gewordene Haustierrassen alt-österreichischer Herkunft zu sehen. Besonders stimmungsvoll sind die Märkte zu Ostern oder in der Adventszeit, dazwischen sorgen Ausstellungen und verschiedene Festivitäten für Unterhaltung.

Der Gratis-Busshuttle bringt Sie auch zu einem weiteren der Marchfelder Schlösser – **Schloss Niederweiden**, ein hübsches Jagdschloss mit Lustgarten, nur zwei Kilometer von Schloss Hof entfernt. Erbaut wurde das barocke Schmuckstück 1693 von Johann Bernhard Fischer von Erlach. 1726 kaufte es Prinz Eugen von Savoyen und nutzte es für seine Jagdgesellschaften. Führungen durch die Sonderausstellungen werden angeboten. Die angeschlossene **Pâtisserie** ist täglich geöffnet und kann auch ohne Eintrittskarte für die Ausstellung besucht werden.

Schloßhof 1 | Zug zum Bahnhof Marchegg, weiter mit Gratis-Busshuttle | www.schlosshof.at | 15. März–17. Nov. tgl. 10–18, 18. Nov.–14. März 10–16, an Weihnachtsmarkttagen 10–19 Uhr | Eintritt 15 €, Kinder frei

Essen und Trinken

Urig mit Gastgarten
BUSCHENSCHENKE HENGL-HASELBRUN- NER nördl. C1
Seit dem 16. Jh. wird hier Wein ausgeschenkt: preisgekrönt und natürlich aus den eigenen Rieden. Das Speiseangebot ist traditionell, das Ambiente urig. 260 Personen finden in der Buschenschenke, 280 im Gastgarten Platz.
Iglaseegasse 10 | U-Bahn: Heiligenstadt | Tel. 3 20 33 30 | www.hengl-haselbrunner.at | tgl. 15.30–23 Uhr | €

Legendäres Weingut
HEURIGER MAYER AM PFARRPLATZ nördl. E1
Bereits im Jahr 1683 wurde hier mit der Produktion eigener Weine begonnen. Fast ebenso legendär wie der Ruf des Weinguts ist der traditionelle Heurige: Zu den Weinen aus den wie immer hauseigenen Rieden kommt hier die ganze Palette Wiener Heurigenköstlichkeiten, Livemusik (Mo–Sa ab 19, an Sonn- und Feiertagen ab 12 Uhr) und klassische Atmosphäre hinzu. Wer mehr Frischluft mag, speist und trinkt in der Bu-

schenschenke mitten in den Weingärten am Nußberg.
Pfarrpl. 2 | Straßenbahn: Pfarrplatz | Tel. 3 70 12 87 | www.pfarr platz.at | Mo–Fr 16–24, Sa–So, Feiertag 12–24 Uhr | €€€

Österreichs Klassiker
PICHLMAIERS ZUM HERKNER westl. A1
Beste regionale Zutaten werden zu österreichischen Klassikern wie Tellerfleisch, Blunzenstrudel und Krautfleckerl verarbeitet. Das Ambiente ist gemütlich-traditionell.
Dornbacher Str. 123 | Straßenbahn: Neuwaldegg | Tel. 4 80 12 28 | www. zumherkner.at | Mi–Do 18–21.30, Fr–So 11.30–21.30 Uhr | €€

Gasthaus für Rind- fleischfans
PLACHUTTA IN HIETZING westl. A6
Nicht weit von Schönbrunn entfernt hat Familie Plachutta, die mehrere Lokale in Wien betreibt, ihr Stammhaus. Berühmt ist das Lokal für Rindfleisch und da vor allem für seinen Tafelspitz, das Leibgericht von Kaiser Franz Joseph.
Auhofstr. 1 | U-Bahn: Hietzing | Tel. 87 77 08 70 | www.plachutta-hiet zing.at | tgl. 11.30–15, 18–23.30, Sa, So, Feiertag 11.20–23.30 Uhr | €€

*Traditioneller
Familienbetrieb*
MEIXNER'S GAST-
WIRTSCHAFT südl. G6

Hinter dem Amalienbad liegt die alteingesessene Wirtschaft. Beste Zutaten werden von Berta Meixner als raffinierte Interpretation der Wiener Küche zubereitet, ihr Ehemann Karl sorgt für die Getränke.

Buchengasse 64 | U-Bahn: Reumannplatz | Tel. 6 04 27 10 | www.meixners-gastwirtschaft.at | Mo–Fr 11.30–15, 17.30–22.30 Uhr | €€

Heuriger mit ausgezeichnetem Wein
WIENINGER nördl. J1

Im Ranking der besten Heurigen ist der Biowinzer Fritz Wieninger regelmäßig ganz vorn mit dabei. Völlig zu Recht, denn neben Traditionellem wie Schweinsbraten, Haussulz mit Kernöl und Schnitzel am Büfett gibt es auch Kürbiskern-Emmentaler-Aufstrich oder Spinat-Schafkäse-Strudel. Dazu ein Glaserl vom vielfach ausgezeichneten eigenen Wein.

Stammersdorfer Str. 78 | Straßenbahn: Stammersdorf | Tel. 2 92 41 06 | www.heuriger-wieninger.at | 29. März–15. Dez. Fr 17–24, Sa 14–24, So 12–22 Uhr | €

Einkaufen

Frisch vom Feld
BIOBAUERNHOF
STEINDL nördl. J1

Verkauft werden auf dem Biobauernhof der Familie Steindl in Stammersdorf Traubensaft, Weine, Eier sowie Obst und Gemüse aus der eigenen Landwirtschaft. Eine Spezialität sind die Edelbrände.

Stammersdorfer Str. 67 | Straßenbahn: Stammersdorf | Tel. 2 90 49 04 | http://biohof-steindl.at | Mo–Sa 8–12 Uhr

Die Vielfalt der Öle
HARTLS ÖLE nördl. B1

Schon einmal von Marillenkernöl oder Bucheckernöl gehört? Bei Franz Hartl in Klosterneuburg sind das nur zwei der überraschenden Aromen der edlen Öle, die schlichte Speisen zu kulinarischen Überraschungen machen.

Stadtpl. 15, Klosterneuburg | Schnellbahn Klosterneuburg | Tel. 2 24 32 61 35 | www.hartls-oele.at | Di–Do 10–17.30 Uhr

Wein ab Hof
WEIN UHLER nördl. B1

Edle Tropfen von Wiener Reben verkauft Peter Uhler ab Hof gegen Voranmeldung.

Hier ist auch der Wiener Gemischte Satz DAC vom Nußberg oder Mitterberg erhältlich. Im Weingarten gibt's im Sommer und im Herbst auch eine kleine, feine Buschenschenke und in der kalten Jahreszeit ein Adventfeuer.

Verkauf: Hackenberggasse 29/7/4 | Bus 35A bis Glanzing | Weingarten: Bus 38A bis Parkplatz Cobenzl, weiter zu Fuß den Oberen Reisenbergweg bergab | Tel. 6 60 5 33 75 51 | www.weinuhler.at | Ab-Hof-Verkauf nach Vereinbarung

Interessante Einblicke in die Produktion
SCHLUMBERGER SEKTKELLEREI nördl. D1

Bei Schlumberger wird seit mehr als 300 Jahren Sekt nach der traditionellen Flaschengärmethode hergestellt. Ein Blick in die weitläufigen Keller der ältesten Sektkellerei Österreichs – inklusive Verkostung – ist bei einer der Führungen im Unternehmen möglich. Danach kann gern vor Ort eingekauft werden.

Heiligenstädter Str. 39 | U-Bahn: Heiligenstadt | Tel. 3 68 22 58 | www.schlumberger.at | Mit Führung oder Audio-Guide, Mi 11–21.30, Do–Sa 11–18 Uhr (inkl. ein Glas Sekt) | Eintritt 11 €

Früchte im Glas
STAUD'S WIEN B2

Süße Wiener Konfitüren-Klassiker oder saures Gemüse – das Beste im Glas gibt es am Brunnenmarkt in Staud's Pavillon. Die Wurzeln des Familienbetriebes reichen bis zum Jahr 1883 zurück, als Johann Staud in der österreichisch-ungarischen Monarchie seinen Obst- und Gemüsegroßhandel startete. Inzwischen gibt es mehr als 200 Sorten an Staud'schen Delikatessen.

Ecke Brunnengasse/Schellhammergasse | U-Bahn: Josefstädter Straße | Tel. 4 06 88 05 21 | www.stauds.com | Di–Fr 8.30–12.30, 15–18, Sa 8–13 Uhr

Schnittiges für die Küche
KLINGEN-BOU-TIQUE westl. A6

Ganz schön scharf: Seit mehreren Generationen fertigt die Familie Scala exklusive Messer in ihrer Klingen-Boutique, darunter schöne und langlebige Taschenmesser, Jagdmesser und Küchenmesser, aber auch verschiedenste Maniküresets und Scheren.

Lainzer Str. 3–5 | U-Bahn: Hietzing | Tel. 9 34 60 27 | www.klingen-boutique.at | Mo–Fr 9.30–12.30, 14–18, Sa 9.30–13 Uhr

Flusslandschaften, Weinberge und eine
Vielzahl von Kulturschätzen – rund um
Wien gibt es sehr viel zu entdecken.

SPAZIERGÄNGE UND AUSFLÜGE

SPAZIERGANG
Immer dem Mozart nach – von Schönbrunn aus einmal quer durch die Stadt

Wolferl hat in Wien viel erlebt. Auf diesem Spaziergang kommen Sie dem großen Komponisten ganz nahe und begeben sich auf seine Spuren. Ganz nebenbei entdecken Sie schöne Ecken und finden ruhige Plätze zum Verweilen.

Start: Schönbrunn, **Ziel:** Stephansdom, **Dauer:** 3–4 Std. mit Pausen **Länge:** ca. 10 km, Abkürzungen mit den Öffis möglich

Mozart war zwar Salzburger, doch hat er seine letzten zehn Lebensjahre in Wien verbracht. Er hat sich hier mit seiner Constanze verheiratet und ist viel zu früh hier gestorben. Doch seinen ersten Besuch stattete er der Kaiserstadt bereits als Kind ab, daher beginnt der Spaziergang auf Mozarts Spuren auch in der Sommerresidenz der Habsburger: in **Schloss Schönbrunn**.

MOZART UND SCHÖNBRUNN
Nach Schönbrunn brachte der Vater Leopold seine beiden »Wunderkinder« Wolfgang und Maria Anna am 13. Oktober des Jahres 1762. Der erst sechsjährige Wolferl und seine zehnjährige Schwester Nannerl bekamen auch wirklich die Gelegenheit und spielten nicht nur vor der versammelten kaiserlichen Familie auf Geige und Klavier, sondern ausgelassen nach dem Konzert mit den kleinen Erzherzögen und Erzherzoginnen. Im Übermut – so der Bericht – sei der kleine Wolferl im Spiegelsaal ausgerutscht und von Erzherzogin Marie Antoinette aufgefangen worden. Daraufhin versprach er, sie zu heiraten. Leopold Mozart schrieb stolz in seinem Brief über den Besuch bei der Kaiserin: »Der Wolferl ist der Kaiserin auf den Schoß gesprungen, hat sie um den Hals bekommen und rechtschaffen abgeküsst.« Die beiden Kinder erhielten neben 100 Golddukaten zusätzlich abgelegte Galakleider mit kostbaren Stickereien.

Wolfgang Amadeus Mozart ist im Burggarten eine Statue gewidmet. Aber auch an anderen Orten Wiens kann man dem großen Meister nachspüren.

FREUNDE AM THEATER

Weiter geht die Spurensuche im Herzen Wiens. Wer will, kürzt den Weg mit der U-Bahn 4 bis zum Karlsplatz ab. Das **Theater an der Wien** wurde zwar erst nach Mozarts Tod im Jahr 1801 eröffnet, doch war hier Mozarts Freund und Librettist Emanuel Schikaneder tätig. Ein Hinweis darauf ist das **Papagenotor** am einstigen Theatereingang in der Millöckergasse 8. Von hier ist es nicht weit zum Mozartdenkmal beim Eingang des Burggartens.

Gemütlich lässt es sich nun über den Neuen Markt bis zum **Stephansdom** schlendern, wo Mozarts Hochzeit stattfand, aber auch seine Einsegnung. Hinter dem Dom, am **Deutschordenshaus**, weist eine Gedenktafel darauf hin, dass Mozart im Mai 1781 hier wohnte. In der Domgasse Nr. 5, nur wenige Schritte weiter, liegt die einzige erhaltene von einem Dutzend Wiener Wohnungen des Komponisten – heute das **Mozarthaus Vienna**. Hier verbrachte Mozart von 1784 bis 1787 seine wahrscheinlich glücklichsten Jahre und schuf »Die Hochzeit des Figaro«.

LETZTE RUHESTÄTTE – UNBEKANNT

Der Biedermeierfriedhof **St. Marx** ist Mozarts letzte Station. Die josefinische Ordnung sah zu dieser Zeit ein Schachtgrab für mehrere Tote vor, ohne Grabkreuz oder Verabschiedung. Mozarts Grabstätte ist daher unbekannt. Seit 1891 steht sein Denkmal auf dem **Zentralfriedhof** in der Gruppe der Ehrengräber. Das berührende Grabmal in St. Marx hat ein Friedhofswärter aus den Resten anderer Denkmäler zusammengestellt.

AUSFLUG
Mit der Bahn auf den Semmering: die Wiener Alpen auf historischem Wege

Vom Wiener Hauptbahnhof führt die Fahrt durch die Thermenregion im Süden Wiens nach Wiener Neustadt. Die Bahnlinie folgt hier der alten Kaiserstraße, die bereits im 18. Jh. über den Semmering und weiter in die damalige österreichische Hafenstadt Triest ausgebaut wurde.

Charakteristik: Fahrt mit der Semmeringbahn auf den Wiener Zauberberg, leichte Wanderung auf dem Bahnwanderweg, dann Rückfahrt per Bahn **Anfahrt:** Vom Wiener Hauptbahnhof aus etwa im Halbstundentakt mit der ÖBB. Im niederösterreichischen Gloggnitz beginnt die UNESCO-Welterbestrecke über den Semmering, die bis ins steirische Mürzzuschlag führt **Information:** Tel. 05 17 17 **Dauer:** Tagesausflug **Auskunft:** Niederösterreich Tourismus, Tel. 0 27 42/90 00 90 00, www.niederoesterreich.at, Mo–Fr 9–17 Uhr

DIE ERSTE GEBIRGSBAHN DER WELT

Der Ingenieur Carl von Ghega, gebürtiger Venezianer, hatte auf einer USA-Reise die Idee zu dieser Bahnstrecke. Die Pläne fanden Wohlgefallen am Wiener Hof, 1848 wurde mit dem Bau begonnen. Bereits sechs Jahre später, 1854, machte die Bahn im persönlichen Beisein des Kaisers und seiner Frau ihre Jungfernfahrt: Die erste Gebirgsbahn der Welt ging in Betrieb. Nicht nur die Fahrt in den Süden wurde einfacher, auch der Semmering lag auf einmal vor den Toren Wiens und wurde von der Wiener Gesellschaft als Sommerfrische entdeckt.

Etwas vom alten Flair spürt man noch heute, wenn bei Gloggnitz die »echte« Semmeringbahnstrecke beginnt. Vorbei an steilen Felswänden, über schwindelerregende Schluchten und durch Wälder führt die Fahrt. Nach 23 km haben Sie mit dem Bahnhof Semmering den »Gipfel« des Bahngenusses erreicht.

Bequem und umweltfreundlich geht es mit der Bahn hinauf auf den Semmering, wo sich einst der europäische Adel und Künstler zur Sommerfrische trafen.

WO SICH EINST DER STADTADEL ERHOLTE

Wissenswertes über die Geschichte der Bahn, die Kühnheit ihrer Konstruktion, den Genius ihres Schöpfers und das Leid der Arbeiter erfahren Sie im Informationszentrum am Bahnhof, bevor Sie sich auf einen Spaziergang durch den Ort selbst begeben. Rund um ihren »Zauberberg« verlebten das Wiener Bürgertum und der Adel einst den Sommer. An diese Glanzzeit erinnern noch heute zahlreiche Jugendstilvillen sowie jene Hotels, in denen die Wiener Gesellschaft einst logierte – wie etwa das imposante, aber leider geschlossene Grand Hotel Panhans. Der legendäre Küchenchef Vinzenz Panhans ließ 1888 das Hotel erbauen, zu seinen illustren Gästen zählten die Schriftsteller Karl Kraus, Arthur Schnitzler und Franz Werfel.

Der Ort Semmering ist ein idealer Ausgangsort für Touren in die umliegende Bergwelt. Sie begeben sich aber in Wanderschuhen gemütlich bergab: auf dem Bahnwanderweg Semmering. Immer an der Bahn entlang hat man nach rund zwei Stunden den 9 km entfernten Bahnhof Breitenstein erreicht. Von dort bringt Sie der Zug wieder zum Wiener Hauptbahnhof.

Kunstvolle Korkenzieher zieren die Wand im Weingut Heuriger Reinprecht im alten Weinbauort Grinzing. Dazu passend werden gute Tropfen aufgetischt.

AUSFLUG
Kleine Wiener Weinwanderung mit Idylle in der Natur und viel Genuss

Grinzing und Nußdorf stehen für die Wiener Heurigenkultur. Einst kleine Winzervororte, sind sie längst Teil des 19. Wiener Gemeindebezirks. Wien besitzt – und ist damit als Hauptstadt wohl einzigartig – 700 ha Rebfläche innerhalb des Stadtgebiets, ein Weinbaujuwel ist der Nußberg.

Charakteristik: Wanderung von den Weinbauorten Grinzing und Nußdorf zum Nußberg und retour **Anfahrt:** Mit der Straßenbahnlinie 38 bis Grinzing, zurück ab Nußdorf mit dem D-Wagen **Dauer:** Halbtagesausflug **Einkehrtipps:** Heuriger Hirt, Eisernenhandgasse 165, Tel. 3 18 96 41, www.heurigerhirt.at, €; Mayer am Nußberg, Kahlenbergerstraße ggü. 210, Tel. 0664 75 55 66 67, www.mayeramnussberg.at, €€

Eine gut 5 km lange Weinwanderung verbindet Grinzing, Nußberg und Nußdorf. Das Auto kann dabei getrost stehen bleiben, An- und Abreise erfolgen am besten mit der Straßenbahn. Vom alten Weinbauort **Grinzing** geht es den Grinzinger Steig bergauf und gleich wieder bergab, zur Linken sind im Weingarten des »Clubs der Grinzinger« einzelne Rebstöcke zu bewundern, die die Namen ihrer prominenten Paten tragen, von Romy Schneider bis Udo Jürgens und Barack Obama. An den Mauern des Heiligenstädter Friedhofs angelangt, wo auch Ödön von Horváths Grab zu finden ist, führt die Wildgrubgasse den Schreiberbach entlang sanft bergauf.

Nach einer halben Stunde Fußweg, einer scharfen Rechtskurve und weiteren 20 Minuten lässt sich der erste grandiose Blick auf Wien von den Höhen des **Nußbergs** genießen. Dazu passt ein Achterl Wiener Wein, etwa im urig gemütlichen Heurigen Hirt oder dem stylishen Weingut Wailand. Oder bei einem der Nußberg-Winzer, wie Wieninger, Windischbauer oder beim Mayer am Nußberg, der im Gegensatz zu seinem berühmten Stammhaus Mayer am Pfarrplatz nur bei Schönwetter offen hat.

RÜCKWEG MIT SCHLÖSSL ODER WEINREBEN

Den Weg über den Eichelhofweg nach **Nußdorf** gibt es in zwei Varianten – erstens bis zur Hackhofergasse, wo auf Nummer 18 das **Lehár-Schikaneder-Schlössl** von 1737 steht, in dem einst gleich zwei berühmte Wiener wohnten: der Komponist Franz Lehár und der Theatermacher und Mozart-Librettist Emanuel Schikaneder. Im ehemaligen Salon im ersten Stock sind Autografen, Gemälde, Fotos und Erinnerungsstücke der beiden Musiker ausgestellt (nur nach Voranmeldung zu besichtigen).

Variante zwei: direkt durch den Weinberg bergab – Rücksicht nehmen auf die Rebzeilen! Wer Glück hat, erwischt einen jener Tage, an denen Maria Grötzer und ihre Tochter Elisabeth in ihrem Weingarten Untere Schos ihren exzellenten Riesling ausschenken – ein echter Geheimtipp! Von dort sind es nur mehr wenige Gehminuten am Nußdorfer Friedhof vorbei bis zur Endstation des D-Wagens. Alternative: Statt von Grinzing direkt von Nußdorf aus über den Beethovengang starten.

AUSFLUG
Mit Schiff und Rad durch die Wachau:
Barocke Schönheiten entlang der Donau

Die romantischen Landschaften und barocken Kulturschätze der Wachau aus verschiedenen Perspektiven sehen – das bietet dieser abwechslungsreiche Tagesausflug in eine der schönsten Gegenden Österreichs. Auch für einige tolle kulinarische Einkehrmöglichkeiten ist unterwegs gesorgt.

Charakteristik: Mehrtagestour durch eine wunderbare Flusslandschaft **Anfahrt:** DDSG Blue Danube Schifffahrt, Tel. 58 88 00; Radtransport kostenlos. Auch die Österreichischen Bundesbahnen (ÖBB) bieten einen speziellen Service für Radfahrer an. Ferner gibt es kombinierte Schiff-Bahn-Touren (Information Tel. 05 17 17) **Dauer:** 2 oder 3 Tage **Einkehrtipps:** Hotel Restaurant zur Post, Melk, Wiener Str. 1, Tel. 0 27 52/5 23 45, www.post-melk.at, tgl. 11.30–21 Uhr, €€; Konditorei Elisabeth, Weißenkirchen, Rollfährestr. 49, Tel. 0 27 15/23 02, €€; Hotel Restaurant Richard Löwenherz, Dürnstein 8, Tel. 0 27 11/2 22, www.richardloewenherz.at, €€€ **Auskunft:** Donau Niederösterreich Info, Tel. 0 27 13/3 00 60 60, www.donau.com, Mo–Do 9–16.30, Fr 9–14.30 Uhr

Von Wien fahren Sie mit dem Schiff flussaufwärts und gehen in Melk von Bord. Hier steigen Sie um aufs Fahrrad, um den unzweifelhaft schönsten Teil des Donauradwegs Passau–Bratislava in der Wachau unter die Pedale zu nehmen. Melk eignet sich fakultativ auch als Übernachtungsort, von wo Sie am nächsten Tag zu einer Ganztagestour aufbrechen können. Der Radweg ist teilweise auf beiden Donauufern ausgebaut, sodass Sie nach Lust und Laune die Seite auswählen können.

Prunkvoller Eckpfeiler im Westen der Wachau und Teil des UNESCO-Welterbes ist das **Benediktinerkloster Stift Melk**. Der Bau in imposantem Weiß und Gelb zeigt den Barock in seiner reinsten Ausformung. Durchdacht, harmonisch, mit Metaphern und Symbolik gespickt und 1702 bis 1746 höchst symmetrisch auf dem vorspringenden Felsen über dem Städtchen errichtet – keine leichte Aufgabe, sogar für den genialen Baumeister Jakob Prandtauer. In der Stiftskirche verbinden sich Architektur, Bildhauerei und Malerei zu einem Gesamtkunstwerk. Der Hochaltar stammt vom italienischen Theaterarchitekten Antonio Beduzzi, ebenso die Entwürfe für die Deckenfresken, die von Johann Michael Rottmayr ausgeführt wurden. Barock, das hieß Inszenierung, Prunk, Illusion und vor allem ein klares Bekenntnis zu Kirche und Herrscher. Im Marmorsaal ist ein Deckenfresko mit dem bis heute unerreichten Azurblau von Paul Troger zu sehen. Die atemberaubend dekorierte **Stiftsbibliothek** beherbergt eine imposante Handschriftensammlung – und den Kirchenschatz, das unermesslich kostbare »Melker Kreuz« von 1362. Doch auch ein Spaziergang durch **Melk** selbst zeigt, dass der kleine Ort einem Schatzkästchen gleicht mit seinem Kolomanibrunnen, den hübschen Gassen, der gotischen Pfarrkirche und dem »schönsten Posthaus Österreichs«.

ZUM MALERISCHEN MITTELPUNKT

Es geht mit dem Rad donauabwärts, vorbei an der **Burgruine Aggstein** auf ihrem Felssporn über der Donau, einer seit dem 15. Jh. verlassenen Bastion der Kuenringer. Auf der anderen Donauseite liegt Willendorf, der Ort, in dem 1908 die **Venus von Willendorf** gefunden wurde: eine 23 000 Jahre alte, nur 11 cm hohe Statuette einer Fruchtbarkeitsgöttin und das älteste Zeugnis menschlichen Lebens im Donautal (im Naturhistorischen Museum in Wien zu bewundern). Bald kommt **Spitz an der Donau** in Sicht, ein hübscher Marktflecken, der sich rund um den Tausendeimerberg – ein Hinweis auf den Weinertrag des Hügels – schart. Hier liegen in etwa der Mittelpunkt der Wachau und auch ein guter Einkehrplatz: der alteingesessene Gasthof Prankl im barocken Alten Schiffsmeisterhaus.

Der Weg wird noch malerischer: Entlang des Flusses finden sich immer wieder Rastplätze, kleine Gasthöfe oder Buschenschenken, die zu einer Jause einladen. Hinter **St. Michael**, das mit seiner unter Karl dem Großen angelegten Wehrkirche einen Halt wert ist, weitet sich das Tal. Es geht vorbei an alten Weinbaudörfern wie Wösendorf und Joching, wo wie in Spitz einige Topwinzer der Wachau zu finden sind, etwa das Weingut und Restaurant Jamek, ein Pionier der gehobenen Gastronomie. Ein paar Pedalumdrehungen, und schon ist **Weißenkirchen in der Wachau** erreicht mit seiner Wehrkirche, die zum Schutz gegen die Türken errichtet wurde. Stärkung gibt's in der wunderbaren Konditorei Elisabeth oder – deftiger – beim Kirchenwirt. Hoch klettern die Weinterrassen die Felswände hinauf, manche zählen zu den steilsten Weinbergen Österreichs.

KULTURSPAZIERGANG MIT KULINARIK

Nach einer Biegung der Donau gen Osten erhebt sich auf einem Vorsprung über dem Fluss die **Burgruine von Dürnstein**, darunter leuchtet schon der blaue Turm der Stiftskirche. Die winzige mittelalterliche Stadt **Dürnstein** lädt zu einem Bummel durch die krummen Gassen ein. Ein empfehlenswerter Stopp ist die Bäckerei-Konditorei Schmidl, die die knusprigflaumigen Originale der »Wachauer Laberl« frisch aus dem Ofen anbieten. Beim Kulturspaziergang können Sie das ehemalige **Augustiner-Chorherrenstift** besuchen. Sie sehen die alte Klarissenklosterkirche aus dem 13. Jh., vom barocken Stararchitekten Jakob Prandtauer 1715 zum Getreidespeicher umgestaltet, das 1547 erbaute Rathaus und das Kremser Tor. Tipp für alle, die es nicht eilig haben: Im Hotelrestaurant Richard Löwenherz – der englische König war in Dürnstein jahrelang gefangen – lässt sich nicht nur gut speisen, der Garten zwischen Klarissenkloster und Stadtmauern ist ein wahres Idyll.

Von Dürnstein aus können Sie per Schiff oder Bahn zurück nach Wien fahren. Oder Sie folgen weiter dem Radweg entlang der Donau, der Sie über Krems und Klosterneuburg (mit der S-Bahn zum Franz-Josefs-Bahnhof) zurück nach Wien bringt.

Sehr schön ist ein Bummel durch die mittelalterliche Stadt Dürnstein, von der sich eine tolle Aussicht auf die Wachau und die Donau bietet.

Mystisch und geheimnisvoll ist ein Ausflug in die Seegrotte Hinterbrühl, die als Schaubergwerk dient. Dort findet sich auch der größte unterirdische See Europas.

AUSFLUG
Auf zu Kloster, Kurort und Kronprinz: Entdeckungen im Süden Wiens

In den heißen Monaten zog es die kaiserliche Familie und die Adeligen aus der Stadt hinaus in die kühle Natur. Dieser Tagesausflug führt zu legendären Orten der Sommerfrische mit herrschaftlichen Schlössern und Villen, erholsamen Schwefelquellen und romantischen Kleinoden im Wald.

Charakteristik: Ein Ausflug zu Grotten, Klöstern und in die Rebberge **Anfahrt:** Mit dem Auto über die Südautobahn, bei Mödling abfahren; mit der Lokalbahn ab Karlsplatz (nur nach Baden) **Dauer:** Tagesausflug **Einkehrtipps:** Klostergasthof Heiligenkreuz, Markgraf-Leopold-Pl. 4, Heiligenkreuz im Wienerwald, Tel. 22 58 87 03, www.klostergasthof-heiligen kreuz.at, tgl. 9–22 Uhr, €€

Im Süden Wiens wird die Landschaft bald waldreich und hügelig. Auf dem Weg nach Hinterbrühl grüßt die Burg Liechtenstein. Gleich in der Nähe steht das **Schloss Liechtenstein** in einem weitläufigen Naturpark mit Teichen und künstlichen Ruinen. Hier in der Brühl fand der große Landschaftsmaler des Biedermeier, Ferdinand Waldmüller, die Motive für seine ro-

202

mantischen Werke. Eines davon ist die **Höldrichsmühle** in der Hinterbrühl, die er für sein Bild »Abschied der Braut vom Elternhaus« verwendete. Die Mühle wurde auch von Franz Schubert besucht – Müllerstochter Rosi hat ihn der Legende nach zu seinem Liederzyklus »Die schöne Müllerin« angeregt. Etwas weiter liegt der mit 6200 m² größte Höhlensee Europas, die **Seegrotte**, in die man mit dem Boot vordringen kann (Führung).

ZU DEN ORTEN DER SOMMERFRISCHE

Nächste Station ist **Stift Heiligenkreuz**, das 1133 von Zisterziensern gegründet wurde. Der Bau ist eine harmonische Gesamtkomposition aus verschiedenen Epochen, der Kapitelsaal eine monumentale Gedächtnisstätte für das Herrschergeschlecht der Babenberger. Hier liegen die Gebeine von vier Herzögen. Rund 6 km entfernt wartet ein weiteres Kloster – das **Schloss Mayerling**. Es war der Sommersitz von Kronprinz Rudolf und erlangte durch ein tragische Ereignis Berühmtheit. Denn hier spielte sich das Finale der Liebesgeschichte zwischen Sisis einzigem Sohn und der Baronesse Mary von Vetsera ab, die 1889 mit dem Selbstmord der beiden endete. Die Kaiserin selbst war bereits im Jahr zuvor verstorben. Kaiser Franz Joseph berief in Gedenken an den Tod des Thronfolgers den Orden der Karmeliterinnen nach Mayerling und ließ eine Kapelle errichten, wo Tag und Nacht für die Seele seines Sohnes gebetet werden sollte.

Durch das idyllische **Helenental**, das gern als schönstes Tal des Wienerwaldes bezeichnet wird, können Sie von Mayerling weiter nach **Baden** fahren. Der Kurort (auch mit der Badner Bahn erreichbar) war einst als Sommerfrische des Kaiserhauses sowie der Komponisten Wolfgang Amadeus Mozart und Ludwig van Beethoven bekannt. Die 36 °C heißen Schwefelquellen sprudeln wie eh und je, und noch immer kann man die beschauliche altösterreichische Atmosphäre der Stadt genießen, entlang der Alleen flanieren oder in einem Kaffeehaus einen großen Braunen trinken. Rund um Baden erstreckt sich ein Weinbaugebiet – eine Wanderung und ein Päuschen in einer Buschenschenke lohnen bei einem Ausflug nach Baden in jedem Fall, so wie es einst auch Beethoven mit Vorliebe tat.

Kunst findet in Wien an unzähligen Orten ihren Raum – nicht nur an der Fassade der Wiener Secession am Karlsplatz.

WISSENSWERTES

SERVICE

Anreise und Ankunft
Mit dem Auto
Aus Deutschland und der Schweiz ist Wien über die Autobahnen gut erreichbar. Für die österreichischen Autobahnen benötigt man eine Vignette – wahlweise für zehn Tage, zwei Monate oder ein Jahr (für PKW ab 9,40 €, erhältlich an den Grenzen, in Postämtern und Tankstellen).

Mit der Bahn
Die Westbahnstrecke ist die gängigste Anreiseroute für Gäste aus Deutschland oder der Schweiz. Die Fahrzeit ab der Grenze bei Salzburg nach Wien beträgt rund 2,5 Stunden (www.oebb.at).
Eine gute Alternative für die Anreise aus dem Westen ist die private Westbahn ab Salzburg (www.westbahn.at).

Mit dem Flugzeug
Wien-Schwechat ist der größte Flughafen Österreichs – er liegt ungefähr 15 Autominuten entfernt im Südosten der Stadt und wird von allen größeren Flughäfen Deutschlands und der Schweiz angeflogen.

Die Flugdauer ab Frankfurt beträgt ca. 1 Std. 20 Min.
Zwischen dem Airport Wien-Schwechat und der Innenstadt (U-Bahn-Knoten Landstraße) verkehrt der City Airport Train (CAT), Fahrtdauer 16 Min. Die Einzelfahrt kostet 11 €, hin und zurück 19 € (www.cityairporttrain.com).
Eine günstigere Alternative ist die reguläre Bahn, die sowohl in Richtung Wien Mitte und weiter bis nach Floridsdorf fährt wie auch zum Hauptbahnhof (www.oebb.at). Flughafenbusse verkehren vom Airport zum Schwedenplatz und zum Westbahnhof.

Auskunft
In Deutschland
Österreich Werbung
Tel. 08 00/4 00-2 00 00 (kostenfrei) |
www.austria.info/de

In der Schweiz
Österreich Werbung
Tel. 08 00/4 00-2 00 00 (kostenfrei) |
www.austria.info/ch

In Wien
Wien Tourismus
www.wien.info

Buchtipps
Günther Brödl und Willi Resetarits: Blutrausch (Milena, 2009) Mit dem Wiener Musiker und Hobbydetektiv Kurt Ostbahn schufen die Autoren in den 1990er-Jahren eine Krimifigur, die ein halbes Dutzend Bücher lang Fälle im Wiener Milieu löst. Die Ostbahn-Bücher eignen sich nach wie vor hervorragend, um sich auf Wien atmosphärisch vorzubereiten.
Heimito von Doderer: Die Strudlhofstiege (dtv, 2009) Der Wien-Roman schlechthin wurde schon vor bald 70 Jahren geschrieben. Er gilt als eines der wichtigsten Werke der österreichischen Literatur der Nachkriegszeit. Die Geschichte hat keine einzelne Person als Hauptakteur, sondern eine Stiege im 9. Wiener Gemeindebezirk, um die sich die 900 Seiten des Buches drehen.
Beate Maxian: Mord im Hotel Sacher (Goldmann, 2019) Die deutsche Autorin und Journalistin Beate Maxian ist nicht nur nach Österreich umgezogen, sie veranstaltet dort auch ein Krimi-Festival, und sie schreibt Kriminalromane rund um die Journalistin Sarah Pauli mit Wien als

Schauplatz. Ihr neuestes Buch spielt im Hotel in der Innenstadt, aber auch Schönbrunn oder der Zentralfriedhof wurden schon zum Tatort.
August Stauda: Ein Dokumentarist des alten Wien (Christian Brandstätter, 2005) Beinahe vergessen waren die Aufnahmen des Wiener Architektur- und Landschaftsfotografen August Stauda (1861–1928), der seine Heimatstadt in mehr als 3000 Fotografien festgehalten hat. Der Bildband enthält eine Auswahl seiner besten Bilder, die das Leben von damals zeigen.
Martin Swoboda: Wien für Neugierige: Eine Stadteroberung (Metroverlag, 2013) Genauer hinsehen lohnt sich. Der Autor zeigt unterhaltsam Spannendes und Unscheinbares der Stadt auf, was sogar eingesessene Wiener überrascht. Schließlich läuft man jeden Tag an den beschriebenen Orten vorbei.
Petra Hartlieb: Sommer in Wien (Dumont 2019) Die Autorin betreibt in Wien eine Buchhandlung und entführt in ihrer Erzählung in den letzten Sommer der Belle Époque mit vielen historischen Details und viel Romantik.

Rodica Doehnert: Das Sacher – Die Geschichte einer Verführung (Heyne, 2018) Ein kurzweiliger Roman über das legendäre Hotel Sacher und eine starke Frau rund um die Jahrhundertwende, gespickt mit viel Atmosphäre sowie Wiener Charme.

Norbert Philipp: Die Adern Wiens: Den Wiener Straßen auf der Spur (Braumüller, 2019) Der Journalist widmet sich Kilometer für Kilometer dem Charakter der Straßen und macht mit zahlreichen geschichtlichen Details Lust auf die Stadterkundung – von den Palais in der Herrengasse bis zu den Kellergassen in Stammersdorf.

Diplomatische Vertretungen
Botschaft und Konsulat
der Bundesrepublik
Deutschland
III., Strohgasse 14 c | U-Bahn: Stadtpark | Tel. 71 15 41 23 | www.wien.diplo.de | Mo 9–12, Di 13–16, Mi–Fr 9–12 Uhr

Schweizer Botschaft und
Konsulat
III., Prinz Eugen-Str. 9 a | U-Bahn: Taubstummengasse | Tel. 7 95 05 | www.eda.admin.ch | Mo–Fr 9–12 Uhr

Feiertage
1. Januar Neujahr
6. Januar Heilige Drei Könige
Ostermontag
1. Mai Tag der Arbeit
Christi Himmelfahrt
Pfingstmontag
Fronleichnam
15. August Mariä Himmelfahrt
26. Oktober Nationalfeiertag (Abzug der Besatzungsmächte)
1. November Allerheiligen
8. Dezember Mariä Empfängnis
25./26. Dezember Weihnachts- und Stephanitag

Links und Apps
Links
www.wien.info
Bei der regionalen Tourismusorganisation findet man hilfreiche Reisetipps, aktuelle Veranstaltungshinweise etc.

www.wien.gv.at
Auf der offiziellen Website der Stadt erhält der Wien-Besucher allgemeine Informationen und Hinweise auf das Kultur- und Freizeitangebot.

www.vienna.at
Hier gibt es Auskunft zu Veranstaltungen und Konzerten, Lokaltipps etc.

www.falter.at
Die Online-Ausgabe der bekannten Tageszeitung mit Eventprogramm, Restaurantführer und zahlreichen Tipps.

www.bundestheater.at
Die aktuellen Programme der Bundestheater, darunter auch Staatsoper und Burgtheater.

www.gaynet.at
Adressen von schwulen Restaurants, Hotels, Bars, Saunen etc., aber auch viel Kultur.

Apps
Citybike Wien
Wien hat ein sehr gut ausgebautes Netz an Citybike-Stationen, die man mithilfe dieser App rasch findet.

qando
Mit diesem Service der Wiener Linien erfährt man sofort, wann die nächste Straßenbahn und U-Bahn oder der nächste Bus fährt, außerdem gibt es Echtzeitangaben für alle Haltestellen.

Lime
Einer der E-Scooter-Verleiher in Wien. Diese elektrischen Roller sind nur auf markierten Fahrradwegen erlaubt!

Medizinische Versorgung
Krankenversicherung
Für Deutsche und Schweizer ist die Vorlage einer Europäischen Krankenversicherungskarte (EHIC) ausreichend. Als zusätzlicher Versicherungsschutz empfiehlt sich der Abschluss einer Auslandskrankenversicherung, da diese auch Krankenrücktransporte mitversichert.

Notruf
Euronotruf Tel. 112
(Polizei, Feuerwehr, Rettungsdienst)

Post
Postämter haben meist Montag bis Freitag von 8–12 und 14–18 Uhr geöffnet, SB-Zonen sind rund um die Uhr zugänglich. Eine Karte bzw. ein Brief nach Deutschland und in die Schweiz muss mit mindestens 0,90 € frankiert werden.

Reisedokumente
Deutsche und Schweizer können mit einem gültigen Reisepass oder Personalausweis (Identitätskarte) einreisen. Kinder unter 16 Jahren benötigen einen Kinderreisepass. Einträge im Pass eines Elternteils sind nicht mehr gültig.

Reiseknigge
Die meisten Stolpersteine lauern beim Essen und Trinken: Klöße sind in Österreich Knödel, Sahne ist (Schlag-) Obers, und Wiener Würstchen heißen Frankfurter. Den Kellner ruft man mit »Herr Ober«. Wird man – meist in einem Kaffeehaus – trotzdem geflissentlich übersehen, sollte man das nicht zu tragisch nehmen: Ins Kaffeehaus geht man in Wien nicht, um schnell einen Espresso zu trinken, sondern man signalisiert schon durch den Eintritt in ein solches Etablissement, dass man Zeit mitbringt.
Rauchen: Das Rauchen ist in Ämtern, Behörden, Flughäfen und auf Bahnhöfen untersagt. Eine Ausnahme bilden spezielle Raucherzonen, die klar gekennzeichnet sind. Seit November 2019 gilt auch in der Gastronomie ein generelles Rauchverbot. Ausnahmen gibt es für Schanigärten.
Trinkgeld: Trinkgeld ist nicht obligatorisch, wird aber von Kellnern, Hotelpersonal und Taxifahrern erwartet. Üblich sind fünf bis zehn Prozent der Rechnungssumme, in der Regel wird auf die nächsthöhere Zahl aufgerundet.

Stadtführungen
Austria Guides
Bei der Wiener Fremdenführer-Vermittlung können individuelle Führungen gebucht werden, 2–3 Stunden kosten etwa 170 €.
www.austriaguides.at

Bike & Guide
Von April bis Oktober bietet Bike & Guide Führungen mit dem eigenen oder geliehenen Rad an (Kosten ab 140 € für 1–4 Personen). Voranmeldung notwendig.
Tel. 06 64/5 16 35 33 | www.bike andguide.com

Fiaker
Die berühmten Pferdekutschen, von den Wienern gern »Zeugl« genannt, gibt es seit dem 17. Jh. Sie sind eine schöne, aber nicht ganz billige Alternative zur Stadtrundfahrt per Bus: 40 Minuten kosten rund 80 €. Standplätze: Augustinerstraße vor der Albertina, Heldenplatz vor dem Erzherzog-Karl-Denkmal und Nordseite des Stephansdoms (alle im 1. Bezirk).

Verein Wiener Spaziergänge
Verschiedene themenspezifische Routen: auf den Spuren

von Mozart oder dem »Dritten Mann« bis zum unterirdischen Wien. Die Touren dauern ca. zwei Stunden und kosten für Erwachsene 17 €, für Kinder 8 € (ohne Eintritte).

Tel. 4 89 96 74 | www.wienguide.at

Vienna Sightseeing Tours
Viele verschiedene Führungen, z. B. durch das imperiale Wien. Zudem gibt es einen Hop-on-hop-off-Bus (Tageskarte ab 26,10 €, Kinder 19 €).

Tel. 71 24 68 30 | www.viennasight seeingtours.com

Strom
Die Spannung von 220/230 Volt entspricht dem europäischen Standard. Steckdosen ebenso, lediglich für Schweizer dreipolige Stecker ist ein Adapter notwendig.

Telefon
Vorwahlen
D, A, CH ▶ Österreich 00 43
Österreich ▶ D 00 49
Österreich ▶ CH 00 41
Vorwahl Wien 01

Verkehr
Auto
Nur die größeren Hotels verfügen über eigene Parkplätze. Alternativ muss das Auto in kostenpflichtigen Parkhäusern, Tiefgaragen oder in der Kurzparkzone (eine halbe Stunde 1,10 €) abgestellt werden. Inzwischen gibt es in 18 Bezirken flächendeckende Kurzparkzonen. Günstige Varianten sind die Park & Ride-Parkhäuser an den Endstationen der U-Bahnen.

Parkhäuser
Garage am Hof
I., Am Hof
Tiefgarage Kärntner Straße
I., Kärntner Straße (neben der Staatsoper)

Mit Fahrrad und E-Scooter
Radwege führen durch die gesamte Metropole. Einen Fahrradverleih findet man z. B. am Westbahnhof (Tel. 05 17 17) und bei Pedal Power (I., Bösendorferstr. 5, Tel. 7 29 72 34, www.pedalpower.at). Neben den klassischen Fahrradverleihern gibt es auch

URLAUBSKASSE	
1 Tasse Kaffee	3,40 €
1 Glas Bier	3,70 €
1 Glas Cola	2,60 €
1 Brot (ca. 500 g)	2,70 €
1 Liter Benzin	1,30 €
Öffentl. Verkehrs-mittel (Einzelfahrt)	2,40 €
Mietwagen/Tag	ab 20,00 €

den stationsgebundenen Leih-fahrrad-Anbieter Citybike (siehe unter Apps) sowie einige Bikesharing-Anbieter ohne fixe Entlehnstellen. Zudem existieren in Wien sechs verschiedene Anbieter von E-Scootern (siehe Apps).

Öffentliche Verkehrsmittel
Wien ist optimal mit öffent-lichen Verkehrsmitteln er-schlossen. Sechs U-Bahn-Linien, Straßenbahnen und Busse können mit demselben Ticket benutzt werden. Die Einzelfahrt kostet 2,40 €, die 24-Stunden-Karte 8 €, die 48-Stunden-Karte 14,10 €, die Wochenkarte 17,10 €. Darü-ber hinaus gibt es verschiede-ne ermäßigte Karten. Kinder bis sechs Jahre fahren generell gratis (www.wienerlinien.at).

Taxi
Taxis sind durch das Dach-schild »Taxi« gekennzeichnet. Rund 200 Standplätze sind über die Stadt verteilt. Der Fahrpreis wird nach Taxame-ter berechnet (höhere Tarife an Sonn- und Feiertagen und nachts sowie für Funktaxis).

Funktaxi
Tel. 3 13 00, 4 01 00, 6 01 60

Vienna City Card
Alle City-Bummler, die über 15 Jahre alt sind, können mit dieser Karte zum Preis von 17, 25 oder 29 € für 24, 48 oder 72 Stunden alle U-Bah-nen, Busse und Straßenbah-nen benutzen. Außerdem er-hält man Vergünstigungen in insgesamt 210 Museen, Se-henswürdigkeiten und Res-taurants. Erhältlich ist die Vienna City Card online, im Hotel, bei der Wiener Touris-musinformation und den Vorverkaufsstellen der Wie-ner Linien (www.wien.info).

Zoll
Reisende aus Deutschland dürfen für den privaten Ge-brauch Waren abgabenfrei mit in die Heimat nehmen. Bestimmte Richtmengen soll-ten jedoch nicht überschrit-ten werden (www.zoll.de und www.bmf.gv.at/zoll). Reisende aus der Schweiz dürfen Waren im Wert von 300 SFr abgabenfrei mit nach Hause nehmen, wenn diese für den privaten Gebrauch bestimmt sind. Tabakwaren und Alkohol fallen nicht un-ter diese Wertgrenze und blei-ben in bestimmten Mengen abgabenfrei (www.zoll.ch).

MONET BIS PICASSO

DIE SAMMLUNG BATLINER

Claude Monet, *Seerosenteich* (Detail) um 1919 © ALBERTINA, Wien – Sammlung Batliner

TÄGLICH 10 BIS 18 UHR, MI & FR BIS 21 UHR

ALBERTINA

SCHNELLVERBINDUNGEN IN WIE

www.wienerlinien.at

Die Stadt gehört Dir. **WIENER LINIEN**

um 1155

Wien wird Residenz der **Babenberger**.

Römisches Kastell und Zivilstadt **Vindobona**.

Erste Nennung Wiens als »Wenia« in den »**Salzburger Annalen**«.

Wiener Stadtrecht – älteste zur Gänze überlieferte Stadtverfassung.

Um 100 n. Chr.

881

1221

1498

Unter **Maximilian I.** wird die Hofmusik-kapelle, Vorläuferin der Sängerknaben, gegründet. → S. 91

Die **Habsburger** übernehmen unter Rudolf I. die Herrschaft über Österreich (bis 1918).

1282

Die **Türken** belagern Wien erfolglos, ihr Herrschaftsbereich erstreckt sich jedoch für die nächsten 150 Jahre noch bis Ungarn und Dalmatien.

1529

1683
Zweite Türkenbelagerung. Ein Entsatzheer aus polnischen und deutschen Truppen vertreibt die Osmanen.

Hochblüte des **barocken Wien;** rege Bautätigkeit.
1685–1780

Napoleon besetzt Wien.
1805 und 1809

1814/1815

Der **Wiener Kongress** tagt: Europa wird nach dem Fall Napoleons neu geordnet.

1914

Nach dem **Attentat** auf Thronfolger Franz Ferdinand in Sarajevo erklärt Österreich Serbien den Krieg: Der **Erste Weltkrieg** beginnt.

Ende des metternichschen Polizeistaats. **Franz Joseph I.** besteigt den Thron; er regiert bis zu seinem Tod 1916.

1848

1918
Österreich gehört zu
den **Verlierermächten**.
Wien bleibt Hauptstadt
Österreichs.

1938
**Anschluss der
»Ostmark«** an
Hitlerdeutschland

**Wohnbau- und Sozial-
reformen** im »Roten
Wien«, Bau von 60 000
Arbeiterwohnungen.

Bürgerkrieg zwischen
Konservativen und
»Roten«.

1923–1933

1934

1945–1955

Wien ist in vier **Besatzungszonen** (USA, UdSSR, Großbritannien, Frankreich) aufgeteilt.

Schwere Zerstörungen durch Luftangriffe im **Zweiten Weltkrieg**.

1939–1945

Einweihung der **UNO-City** → S. 118

1979

1995
Österreich wird **Mitglied der EU**.

2019
Zum zehnten Mal in Folge wird Wien als **lebenswerteste Stadt der Welt** ausgezeichnet.

Die **Wiener Kaffeehauskultur** wird immaterielles Kulturerbe der UNESCO → S. 138.

2014

BILDNACHWEIS

Titelbild (Wiener Staatsoper, gespiegelt im Schaufenster des Café Sacher), matofoto.de: Schapowalow/Salvio Parisi Adobe Stock: Adam 146, Creativemarc 68, Davidzfr 90, dbrnjhrj 133, Desscouleurs, Marco 32, Marscha, Reinhard 64, Michael 169, romanple 119, tatyanasuyarova 63, Wolfgang 49 | Alamy: franky242 5 | awl-images: Arnold, Jon 83, Pereyra Sanchez, Carlos 39, Sweeney, Jane 26 | Birgit und Peter Kainz 145 | Boutiquehotel Stadthalle/Tina Herzl 20 | bridgemanart.com 217 li. | Fotolia: M. Desscouleurs 218 | gemeinfrei 17, 31, 216, 217 re., 219 li., 219 re., 220, 221, 222 li | Getty Images: comstock 56/57, Davila-Lampe, Julia 114, Griesmayr, Andreas kuuan 185, wellsie82 98 | GlowImages 34 | Huber Images: Mirau, Rainer 135, Ripani, Massimo 150, Schmid, Reinhard 125 | imago images: allOver 130, 153, blickwinkel/McPhoto/Schauhuber, Alfred 170, Hettrich, Arnulf 179, Preußer, Volker 149, 195, SKATA 45, viennaslide 42, Widmann, Peter 46 | interfoto: Austrian National Library/Lobinger, Franz 28 | laif: Azumendi, Gonzalo 79, hemis.fr/Maisant, Ludovic 160, L. Maisant/hemis.fr 41, 80, Le Figaro Magazine/ Robin, Arnaud 11, 92, 177, Lechanteur, Renee 164, Rigaud, Peter 50, Stukhard, Cathrine 122, Thomas Linkel 6 | mauritius images: Alamy/Voennyy, Valery 95, Hackenberg, Rainer 163, Halaska, Jan 71, ImageBROKER/Demurez, Ricardo 204/205, imageBROKER/Wrba, Ernst 9, Mirau, Rainer 37, Preusser, Volker 183, robertharding/Black, Stuart 105, Simon, Steve 101, Truffy, Rene 76 | picture alliance: APA/picturedesk.com 166, ImageBROKER 18, Imagno 109, APA/picturedesk.com 224 | plainpicture: Anzenberger, Toni 87, 190/191, Anzenberger/Horak, Philipp 139, AWL/Arnold, Jon 13, Böhm, Monika 112, Langer, Martin 89, Steiner, Wolfgang 121, Tamboly 14 | Shutterstock: Babakin, Roman 193, Babiychuk, Anatoliy 222 re., badahos 174, Bercan, Radu 97, canadastock 201, Dpongvit 186, footageclips 107, frantic00 72, May_Lana 67, 202, Mejia, Anamaria 75, Papanikos, Giannis 173, Pokrovsky, Ekaterina 58/59, S. Borisov 25, ver0nicka 157, visiualpower 196 | Spörl, Lukas 141 | Wiener Seife 136

Liebe Leserin, lieber Leser,
wir freuen uns, dass Sie sich für diesen MERIAN Reiseführer entschieden haben. Unsere Autoren und Autorinnen sind für Sie unterwegs und recherchieren sehr gründlich, damit Sie mit aktuellen und zuverlässigen Informationen auf Reisen gehen können. Dennoch lassen sich Fehler nie ganz ausschließen. Wir bitten um Verständnis dafür, dass der Verlag keine Haftung übernehmen kann.

Ihre Meinung ist uns wichtig. Bitte schreiben Sie uns:
GRÄFE UND UNZER VERLAG
Postfach 86 03 66, 81630 München, www.merian.de

PEFC/18-31-506

Leserservice
merian@graefe-und-unzer.de
Tel. 0 800 / 72 37 33 33 (gebührenfrei in D, A, CH), Mo–Do 9–17 Uhr, Fr 9–16 Uhr

© 2020 GRÄFE UND UNZER VERLAG GmbH, München
MERIAN ist eine eingetragene Marke der GANSKE VERLAGSGRUPPE.

1. Auflage 2020

Alle Rechte vorbehalten. Nachdruck, auch auszugsweise, sowie die Verbreitung durch Film, Funk, Fernsehen und Internet, durch fotomechanische Wiedergabe, Tonträger und Datenverarbeitungssysteme jeglicher Art nur mit schriftlicher Genehmigung des Verlages.
Bei Interesse an maßgeschneiderten B2B-Editionen:
roswitha.riedel@graefe-und-unzer.de
Bei Interesse an Anzeigen:
KV Kommunalverlag GmbH & Co. KG
Tel. 0 89/9 28 09 60
info@kommunal-verlag.de

Verlagsleitung Reise: Grit Müller
Verlagsredaktion: Stella Schossow
Autoren: Anita Arneitz, Barbara Hutter, Christian Eder
Satz und Redaktion: Ewald Tange, tangemedia, München
Bildredaktion: Nora Goth
Reihengestaltung: Independent Medien Design, Horst Moser, München
Karten: Huber Kartographie GmbH für Gräfe und Unzer Verlag GmbH
Herstellung: Renate Hutt
Druck und Bindung: Printer Trento, Italien

GRÄFE UND UNZER

Ein Unternehmen der
GANSKE VERLAGSGRUPPE

WIEN EN DETAIL

Tausende Menschen gehen jeden Tag achtlos am **Stock im Eisen** vorbei – einem kleinen, knorrigen Holzstück hinter Plexiglas am Eck zwischen Kärntner Straße und Graben. Dieser mittelalterliche »Nagelbaum« ist der älteste noch erhaltene seiner Art. Warum die zahllosen Nägel in dieses Stück Zwieselfichte geschlagen wurden, ist nicht geklärt, ob von Handwerksburschen auf der Walz – wie in vielen Teilen der Donaumonarchie üblich – oder als Votivgabe für überstandene Krankheiten. Doch es wäre nicht Wien, erzählten nicht die Sagen und Legenden ihre eigene Geschichte vom Stock im Eisen: etwa vom Schlossergesellen, der mit dem Teufel einen Pakt einging, so zu einem Meister der Schmiedekunst wurde – daher die Eisenspange und das Schloss um den Stamm – und am Schluss doch seine Seele verlor.

VIENNA CITY CARD

CARD

THE OFFICIAL CITY CARD

viennacitycard.at

Machen Sie mehr aus Ihrem Aufenthalt

- Öffentliche Verkehrsmittel
- Hop-On Hop-Off Big Bus
- Flughafen Transfer & City Check-In
- Kinder fahren gratis mit
- Rabatte in Museen und Sehenswürdigkeiten

10% günstiger

jetzt auf viennacitycard.at

mit Code: MERIAN

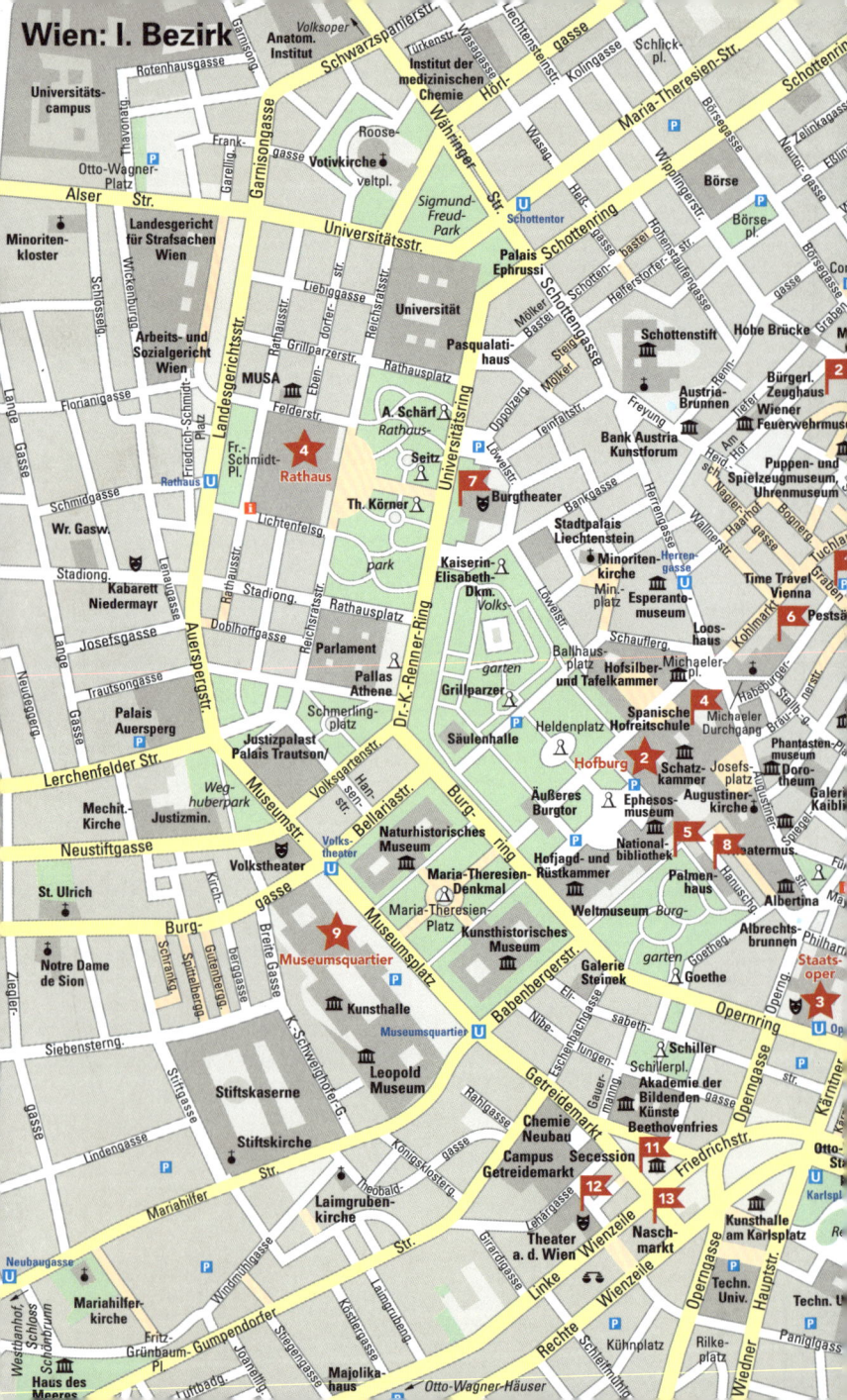

Wien: I. Bezirk